Bolloré
l'homme qui inquiète

Vincent Beaufils

Bolloré
l'homme qui inquiète

Éditions de
L'Observatoire

ISBN : 979-10-329-2139-5
Dépôt légal : 2022, février

170 *bis*, boulevard du Montparnasse, 75014 Paris

À Jean Boissonnat,
Axel Ganz,
Claude Perdriel,
Jean-Louis Servan-Schreiber,
qui savent ce qu'indépendance veut dire.

Solipsiste *n.m.* : Adepte du solipsisme, conception selon laquelle le moi (avec ses sensations et ses sentiments) constitue la seule réalité dont on soit sûr. *(Larousse)*

Famille Bolloré

5e Génération
Michel Bolloré (1922-1997)

↓

6e Génération
Vincent Bolloré (1952-)
Dirige le groupe de 1981 au 17 février 2022

↓

7e Génération

- **Sébastien** (1978-)
  Administrateur de Bolloré
- **Yannick** (1980-)
  Président du conseil de surveillance de Vivendi
  PDG de Havas
- **Cyrille** (1985-)
  PDG de Bolloré
- **Marie** (1988-)
  Présidente de la Fondation de la 2e chance

I

Le patriarche

L'obsession dynastique - La faute du père - La sortie du frère - Les enfants sur des rampes de lancement - Cyrille, Yannick, Marie, les ombres de Vincent - Retraité à 70 ans, vraiment ?

Partira ? Partira pas ? « 2022 est une année très chère à notre groupe », avait lancé, avec un léger sourire, Cyrille Bolloré, le troisième fils de Vincent, à la clôture de l'assemblée générale de Bolloré qu'il préside, le 26 mai 2021. Il y a deux cents ans en effet, comme le rappelle une plaque à Ergué-Gabéric (Finistère), « Nicolas Le Marié et René-Guillaume Bolloré ont posé la première pierre de cette manufacture de papier à cylindre, le 17 février 1822 ». Et c'est la date du 17 février 2022 que Vincent Bolloré a choisie, il y a déjà longtemps, pour transmettre officiellement le flambeau à ses enfants.

Sébastien, Yannick, Cyrille et Marie Bolloré sont déjà les nus-propriétaires de la 14e fortune de France - 8,2 milliards d'euros selon *Challenges*. Deux d'entre eux ont même hérité de postes qui n'ont rien d'honorifique : Cyrille est à la tête de Bolloré, qui coiffe l'ensemble du groupe ; Yannick préside le conseil de surveillance de

Vivendi, son principal actif. Mais c'est bien Vincent Bolloré qui, depuis son bureau d'angle au sixième étage de l'immeuble de Vivendi avenue de Friedland, avec vue sur l'Arc de Triomphe, imagine tout, dirige tout, décide de tout. Et ce depuis toujours, comme se gausse le patron tout-puissant : « Déjà en neuvième mon institutrice écrivait "Vincent se mêle de tout. Il n'a plus qu'à prendre ma place !" »

Yannick n'est pas dupe : même si le père a programmé depuis plusieurs années une appli sur son téléphone égrenant le nombre de jours qui le séparent du 17 février 2022, « je ne pense pas un instant qu'il se mettra ce jour-là au golf et restera devant la cheminée ». La plupart de ceux qui travaillent dans la galaxie Bolloré, ou qui ont croisé le redouté homme d'affaires, partagent ce sentiment. « Il mourra à son bureau », résume parfaitement le banquier Philippe Villin. Et pourtant l'industriel Henri Lachmann, très proche de Bolloré, assure le contraire : « Vincent respectera son engagement. Il veut se consacrer à d'autres choses. » « Il veut racheter le péché », ajoute de manière énigmatique ce vieux sage agnostique, avant de se défausser à moitié : « De toute façon, tel un joueur de poker qui garde ses cartes au plus près de lui, Vincent est totalement illisible. »

Dans son discours, Vincent Bolloré, lui, n'a jamais varié, et cela n'a pas changé avec le creusement de ses rides qui sculptent désormais un visage longtemps resté poupin. En 2017, à Ergué-Gabéric, après avoir fait rénover le manoir d'Odet, la demeure familiale qui avait accueilli tous ses ancêtres, il l'avait rappelé : « Le modèle, c'est la transmission à la septième génération. » Et encore, quelques années plus tôt, dans *Challenges* : « Ce qui m'importe, c'est la durée de cette saga familiale, de laisser un groupe en bonne santé. » À l'inverse de son père, Michel, qui a abandonné les Papeteries Bolloré en quasi-faillite, il y a quarante ans. Début d'une étonnante saga où le jeune Vincent, oubliant son costume de banquier, est monté sur des palettes pour haranguer des ouvriers inquiets pour leur emploi, récupérer l'héritage familial qui partait en capilotade, et transformer les Papeteries en « Bolloré Technologies » puis en « Bolloré » tout court. Un conglomérat de 24 milliards d'euros de chiffre d'affaires, employant près de quatre-vingt mille personnes, et qui a fait son entrée dans le Top 500 des plus grandes entreprises mondiales du magazine *Fortune*.

Cette reconstruction est d'abord une restauration. Car « Vincent est né fils d'archevêque », rappelle Jean Bothorel, le journaliste breton qui connaît le mieux la famille, et notamment son grand homme, avant Vincent : l'oncle Gwenn-Aël, écrivain, éditeur à La Table ronde, et surtout l'un des 177 Bérets verts français du Commando Kieffer, parachutés à Ouistreham le 6 juin 1944, précédant le débarquement allié. Dans les années 1950, au temps de la splendeur, la papeterie était codirigée par Gwenn-Aël et par son frère Michel, le père de Vincent, qui menait grand train, loin d'Ergué-Gabéric : l'hôtel particulier de l'avenue du Maréchal-Maunoury, en bordure du bois de Boulogne, à Paris, recevait la fine fleur de l'establishment (Edmond de Rothschild, Georges

Pompidou, André Bettencourt, Marcel Dassault...) et des lettres françaises (Françoise Sagan, Claude Gallimard...). Un yacht de 25 mètres, *L'Armil*, était ancré dans le port de Cannes, lointain ancêtre du *Paloma*, que Vincent Bolloré prêta sans malice à Nicolas Sarkozy au lendemain de sa victoire de 2007. Bref, tout marchait bien, sauf les affaires, et Michel Bolloré était davantage reconnu pour sa capacité à recevoir qu'à administrer.

Vincent ne l'a jamais oublié. Et sa volonté de revanche après ce père déconsidéré s'est révélée le meilleur des stimulants dans cette entreprise de reconquête. Car rien n'a été facile, et l'époque bénie où une cigarette sur dix vendue dans le monde était roulée avec du papier Bolloré était bien révolue. Au milieu de cet empire décadent du papier ultra-mince, il y avait cependant « un louis d'or dans la fosse à purin », comme le disait volontiers avec son élégance coutumière Bernard Tapie, quand il faisait encore figure de redresseur d'entreprises. Le « louis d'or » avait la forme de longs rouleaux de film plastique, qui avaient remplacé le papier pour condensateur. Avec son frère aîné, Michel-Yves, déjà dans la société, Vincent tente l'aventure en 1981, et revendique le rôle de PDG. À force de négociations âpres avec les banques, de discussions musclées avec les clients, de rendez-vous risqués dans les couloirs du ministère des Finances - la gauche arrivée au pouvoir ne peut laisser tomber l'ex-fleuron breton -, les deux frères, représentant la nouvelle génération de la famille, sauvent Bolloré. Mais quand Vincent est nommé Manager de l'année par *Le Nouvel Économiste* en 1987, il sera seul sur l'estrade pour recevoir le trophée des mains du Premier ministre, Jacques Chirac. Et c'est Vincent, jamais Michel-Yves, qui accueille les journalistes parisiens débarqués à l'aéroport de Quimper, envoyés par Michel Calzaroni, un communicant du vieux CNPF, ravi d'avoir trouvé un patron dans la trentaine, chemise éternellement bleue comme ses yeux, qui surtout casse les codes et parle comme s'il sortait du cours Florent. Lassé de voir ce frère prendre toute la lumière, Michel-Yves quittera finalement l'entreprise deux ans plus tard, non sans avoir touché un chèque de 250 millions de francs pour ses 9 % de parts, signé par un fonds britannique.

« Vincent est quelqu'un de très rapide, d'extraverti, alors que Michel-Yves, qui est aussi très intelligent, est plus lent, plus introverti, a confié leur mère, Monique, à Jean Bothorel. Michel-Yves n'a pas voulu suivre son frère sur un certain nombre de choix. C'était trop pour lui, trop vite, trop gros, trop risqué. » Vincent a donné un autre éclairage à l'exégète de la famille : « Cette entreprise est ma vie. Quel que soit le prix qu'on m'en proposerait, je ne la vendrais pas. Je considère qu'elle ne m'appartient pas. Je ne suis que le maillon d'une chaîne. J'en reviens à cette conception dynastique qui est la mienne. Michel-Yves ne se raccroche pas à la dynastie. »

Alors va pour la dynastie. D'ailleurs, les enfants naissent au cours de ces années 1980, quand leur père fait ses armes d'entrepreneur et redonne sa fierté au nom Bolloré. Sauf l'aîné, Sébastien, né en 1978, avant le début de l'épopée. Effet du hasard ? Aujourd'hui, ce dernier se tient à l'écart, ayant soin de laisser un océan aux sens propre - il a vécu successivement en Californie et en Australie - et figuré entre le clan familial et ses activités de « tête chercheuse pour le groupe ». Tous ont pourtant été logés à la même enseigne dans la très cossue villa Montmorency, à quelques minutes de l'avenue Maunoury. Départ à l'école le matin *avec Vincent* (comme le veut la légende du chef d'entreprise père de famille nouvelle génération), études secondaires au lycée Janson-de-Sailly *comme Vincent*, master à Dauphine (« C'est pratique, le bus est direct », *explique Vincent)*, premières expériences à l'extérieur du groupe, *comme le demande Vincent*, puis inexorable aspiration en son sein avec des responsabilités en devenir... Ainsi Cyrille, qui travaillait sur le desk « matières premières », dans une banque à New York : « Je lui ai proposé de commencer par du trading, et j'en ai ajouté dans la brouette », raconte son père, qui n'aime jamais avoir ses enfants trop loin de lui.

À Saint-Tropez, où tout le monde passe l'été, chacun a désormais sa maison, le patriarche ayant acheté successivement les terrains qui jouxtaient le sien. Et le *Paloma* transporte toute la troupe pour le déjeuner en face du cap Lardier, avec vue sur les vignobles du Domaine de la Croix et de la Bastide blanche, achetés par le groupe en 2001. Parfois, Yannick fait des infidélités à la balade familiale, avec son Princess de 17 mètres, mais cela ne dure jamais longtemps. Le cadet a été le premier à avoir sa maison villa Montmorency, et n'hésite pas à retrouver son père pour le poulet rôti du dimanche, dans leurs villégiatures voisines, à côté de l'étang des Vaux-de-Cernay, en région parisienne.

Cette proximité, y compris physique, est apparue d'autant plus flagrante en cette année 2021, quand les deux enfants présidents (de Bolloré et de Vivendi) ont dirigé à un mois de distance leur assemblée générale d'actionnaires respective : même costume et même cravate bleus – l'uniforme de Vincent –, même urbanité, même concision – le tout plié en quatre-vingt-dix minutes chrono. Certes, l'exercice est très contraint, particulièrement à cause de la pandémie, qui imposait des assemblées en vidéo, mais à nul moment il n'a semblé plus évident que chez les Bolloré « l'arbre généalogique et l'organigramme » se confondent. À l'inverse du principe absolu d'autres dynasties, comme celle de Pierre Bellon.

« Si je meurs demain, Yannick prendra ma place à la tête de Vivendi, avait annoncé dès 2016 Vincent Bolloré à *Challenges*. Et Cyrille reprendra le groupe Bolloré. C'est sécurisant pour moi, pour le groupe Bolloré et pour Vivendi. » Bolloré n'est pas mort mais tout s'est accéléré en 2018, sans attendre la date mille fois avancée par le patron pour la passation de pouvoir du 17 février 2022. Y aurait-il eu une méchante alerte pour le chef de famille, soucieux de sa santé au point d'avoir financé une aile de l'Hôpital américain de Neuilly ? « Mon dernier pépin remonte à un accident de poussette », avait rassuré un Vincent Bolloré facétieux, croisé par hasard dans le hall de Vivendi.

Avec la sortie du *Dictionnaire amoureux de l'entreprise et des entrepreneurs*, rédigé par tous les patrons de France et de Navarre et publié fin 2021 par Plon, Vincent Bolloré donne un éclairage plus authentique à ce virage surprenant : « Cette anticipation a été facilitée par une série de difficultés qui me concernaient : judiciaires, médicales, et dans la marche des affaires, qui pouvaient être des signes que la fin de mon temps arrivait et qu'il fallait passer la main. Les "barreurs" de voiliers sentent quand le vent tourne et qu'il faut s'adapter. Les Bretons, souvent catholiques, sentent aussi quand le Ciel semble envoyer des signes… » Malgré les dénégations de Vincent, il y avait eu une alerte cardiaque, comme l'attestent des visiteurs impromptus à l'Hôpital américain, qui s'est traduite par la pose de stents pour déboucher des coronaires, et l'ont laissé très fatigué. Mais ce sont bien les « difficultés judiciaires » d'avril 2018, avec sa mise en examen pour « corruption d'agents étrangers » sur une affaire africaine, qui ont tout accéléré. À Vivendi, où Yannick a remplacé Vincent fissa à la tête du conseil de surveillance, un poste non opérationnel. Et, plus étonnant, à Bolloré : en mars 2019, c'est Cyrille qui prenait la place de son père comme PDG, une fonction déterminante, puisque c'est l'entité qui détient l'ensemble des participations du groupe, dont évidemment le ticket de 27 % dans Vivendi.

La première sortie officielle de Cyrille « président » eut donc lieu avec presque trois ans d'avance, le 29 mai 2019 à Puteaux, dans le réfectoire de la tour Bolloré transformé en salle d'assemblée générale. C'était avant la Covid, et le jeune PDG – tout juste 34 ans – disposait d'un solide fan-club au premier rang, celui des administrateurs : Vincent bien sûr, son frère Yannick et sa sœur Marie, sa tante Chantal, son cousin Cédric de Bailliencourt, tous présents pour encourager les premiers pas de Cyrille à la tête de Bolloré. « Aujourd'hui, je suis heureux de voir la septième génération prendre à son tour les commandes opérationnelles du groupe, a annoncé Vincent, sans un mot d'explication sur cette soudaine décision. Après l'avoir vu travailler dans le groupe depuis douze ans, je suis sûr que Cyrille est parfaitement qualifié pour poursuivre cette longue entreprise. »

Mais comment va s'exercer son pouvoir, et celui de son frère Yannick à Vivendi, dès lors que son père a mis les points sur les i dans un message écrit pour la même réunion du 29 mai ? « Je conserverai jusqu'au 17 février 2022 la présidence et la direction générale de la Financière de l'Odet – qui possède 65 % du capital de Bolloré – pour veiller au bon déroulement de cette transition. » Pour une fois, tout n'est pas dit entre les lignes, mais entre les tirets... « Dès lors que Vincent conserve la réalité du pouvoir capitaliste, il n'a pas besoin de titres et de fonctions pour exercer son influence », précise un collaborateur qui le connaît par cœur. La preuve par Vivendi : passé du statut du président du conseil de surveillance à simple membre, quand il a laissé son fauteuil à Yannick, le voici désormais censeur, donc sans droit de vote. Mais « rien d'essentiel ne se fait sans lui », poursuit notre intime, qui considère comme un « gag » son autre titre officiel : conseiller du président du directoire !

« C'est le shogun derrière le shogun », se gausse un familier du sixième étage, avenue de Friedland, où est logé le directoire de Vivendi. Son président, Arnaud de Puyfontaine, voit forcément les choses différemment : « Nous nous parlons quotidiennement. Et j'ai la chance d'avoir un "conseiller" qui est le bâtisseur du groupe Bolloré, ce qui me permet de donner le meilleur dans mon rôle de mandataire social à Vivendi. » Et Yannick ? « Le duo est devenu trio », résume Puyfontaine, qui reconnaît que Bolloré ne lui avait jamais rien caché, ainsi que l'homme d'affaires nous l'avait raconté : « Quand je l'ai recruté, je lui ai dit qu'à mon départ de Vivendi c'est Yannick qui me succéderait. Et en rigolant, j'ai même ajouté : "Et après, ce sera Juliette" [la fille aînée de Yannick] ! »

Cette volonté dynastique n'a jamais quitté le patriarche-entrepreneur, et impressionne jusqu'à ses plus proches. Ainsi, Claude Bébéar, le fondateur de l'assureur Axa et parrain des milieux d'affaires parisiens au tournant du siècle, a déjà tout compris quand il invite dans les années 1980 le jeune Bolloré à son club Entreprise et Cité : « Il avait repris avec panache une affaire de famille qui était foutue. Moi, dans les affaires, j'aime les mouvements, et je l'ai aidé. Il est conscient de sa force, comme de ses limites. Et il a toujours été hors de question pour lui de mettre en danger sa volonté de constituer un groupe familial. » Bolloré avait-il confié également à Bébéar son principal souci ? « Si je veux que mes enfants s'intéressent au groupe, il faut que je le reformate », projetait en effet le *tycoon*, bien avant d'opérer son premier mouvement dans les médias.

« C'est Vincent qui est venu me voir avec son projet de TNT pour qu'on en fasse Direct 8 », se souvient Philippe Labro, l'ancien patron de RTL, admiratif de la transmission à la mode Bolloré : « Il a élevé ses enfants pour qu'ils prennent le relais. » Cyrille en témoignait dans un des numéros estivaux de *Challenges* consacrés aux « 500 fortunes de France » : « Quand mon père revenait d'Afrique, il dépliait des cartes, et nous expliquait que la Côte d'Ivoire, c'est le cacao, le Kenya, les roses. Quand il faisait froid, il se frottait les mains : "C'est bon, on vend du fuel !" Et dans mon lit d'enfant déjà, je m'endormais en me disant "Il faut qu'on trouve des mines de lithium" ! » Comme le dit simplement Marie, la benjamine, qui a fait ses gammes en Italie puis en se confrontant à la Mairie de Paris sur le contentieux d'Autolib' : « Notre père nous a transmis l'envie de venir travailler avec lui. » Avec cet atout, qu'ils ont tous, pour se sortir d'un dossier difficile, de pouvoir se/lui demander : « Et Vincent, qu'est-ce qu'il ferait ? »

Labro, qui chapeaute de loin Yannick, ce qui lui vaut l'amical surnom de Padrino, souligne « leur étonnante faculté d'adaptation », « leur relationnel facile, fait de sourires et de convivialité » et en même temps « cette capacité de certitude qu'ils ont héritée de Vincent ». Cela suffit-il pour qu'ils enfilent, à moins de 35 ans, un costume de patron ? « L'âge n'a pas d'importance pour

Vincent, rappelle un porte-parole. Il n'avait pas 30 ans quand il a entrepris de redresser Bolloré. » Mieux vaut s'en souvenir. Après la nomination à 29 ans de Cyrille à la tête de la division Transport et logistique - plus de trente mille collaborateurs ! -, Dominique Lafont, le manager qui en avait fait un bastion en Afrique, avait demandé à ne pas dépendre du fils intronisé. Vincent Bolloré lui avait répondu avec une franchise désarmante : *« Je t'aime bien, Dominique, mais je préfère Cyrille, et quitte à choisir, c'est lui que je choisis. »* C'était en 2014. Et cinq ans plus tard, c'est encore Cyrille qui est désigné par son père pour diriger opérationnellement tout le groupe.

Question délicate qu'on s'interdit de poser dans n'importe quelle fratrie : pourquoi lui plutôt que Yannick ? Peut-être parce que Cyrille est celui qui ressemble le plus à Vincent, constate son entourage, le seul aussi qui parle de lui en disant simplement « mon père ». Cela confine même parfois au mimétisme, pouvoir de séduction en moins : « Même débit de la voix, même gestuelle, même urbanité exagérée - il vous raccompagne volontiers jusqu'au parking comme papa... » Un ex-conseiller n'y va pas par quatre chemins : « Vincent trouve que c'est le plus vif, le plus intelligent. » Il lui est arrivé aussi de couver ce fils à la santé fragile. Il a ainsi organisé son rapatriement du Sud de la France vers Paris avec un avion qui avait interdiction de prendre de l'altitude pour ne pas affecter le système respiratoire de son benjamin, alors extrêmement souffrant. Certains le trouvent charmant, à la mode Bolloré, d'autres méprisant. Mais il est exactement le portrait de son père quand celui-ci s'est présenté sans ciller devant un potentat d'Afrique comme quelqu'un qui était digne de confiance, puisqu'il était « intelligent, organisé... et obéissant » !

À la différence de son frère, Yannick s'est montré indépendant. Dans la famille, c'est celui qui accorde le plus facilement des interviews, et met en avant sans complexe son amitié et ses parties de tennis avec Cyril Hanouna, l'animateur vedette de CStar. Le plus lucide aussi : « J'ai eu la chance de pouvoir griller les étapes dans une famille à l'esprit entrepreneurial. » Sans doute... Nommé à la tête des quinze mille collaborateurs de Havas à 32 ans, il ne prend pourtant pas toujours l'attache de Vincent. Il décide même parfois contre son avis, comme quand il s'est agi de se séparer du directeur général David Jones. Il en fait d'ailleurs un argument original pour défendre les qualités du business en famille : « C'est formidable de travailler avec son père. On a une liberté de ton que l'on n'a pas avec un patron. » Cette « liberté de ton », il l'a utilisée inhabituellement à l'extérieur, en admettant par exemple devant l'Association des journalistes médias que Vincent en avait fait un peu trop lors de son débarquement musclé à Canal+ et s'était mis à dos les médias parisiens. Il a été exceptionnellement courageux aussi, cette fois au nom de ses frères et sœur, quand leur père a largué les amarres, côté vie privée. Il a été celui qui s'est rebellé le plus ouvertement à la découverte de cette trahison de la cellule familiale, allant jusqu'à briser le calme de la villa Montmorency et la réputation du *pater familias* : un jour, dans un accès de rage, n'a-t-il pas balancé les affaires de son père depuis le premier étage de la maison, l'envoyant récupérer ses effets sur le gazon ?

« Mais qu'on ne s'y trompe pas, relativise un des soutiens sans faille du clan. Dans cette famille, on ne se construit pas contre Vincent. » Ce dernier a même eu un mot peu aimable pour son cadet : « C'est un glorieux. » Cela ne l'a pas empêché de lui confier son fauteuil à Vivendi (16 milliards de chiffre d'affaires, quarante-deux mille salariés), et Yannick a eu un mot très amical à l'endroit de Cyrille, quand il a présenté à l'assemblée générale du groupe la résolution proposant de le nommer au conseil de surveillance : « Je vous recommande de voter pour lui. Je le connais depuis longtemps, et il est plus qu'un frère pour moi. » Pas sûr que l'impétrant sache faire preuve d'autant d'élégance et d'humour à son endroit.

Car évidemment chacun s'interroge : les deux frères vont-ils s'entendre, quand le plus jeune se retrouve l'actionnaire de son aîné ? Quand Cyrille s'habille comme un banquier de Londres et Yannick comme un pro de la pub ? Quand ce dernier confesse « lorsque Cyrille envoie une note, tout le monde suit, alors que moi, je dois prendre du temps pour expliquer le pourquoi du comment » ? Est-ce simplement l'expression des différences flagrantes entre le monde de la logistique, tendue vers l'action, et celui de la communication, vrillée par la palabre ? Ou le signe de deux tempéraments plus antagonistes qu'il n'apparaît ?

« Je crains le conflit », anticipe l'un des meilleurs connaisseurs du père, qui parie sur une approche « darwinienne » du sujet, étendue à l'ensemble de la fratrie : « Le meilleur mangera les autres. » Un porte-parole temporise : « Ils sont condamnés à s'entendre. » Le « padrino » Labro met plutôt en avant *« la fluidité »* de cette famille, où Vincent veille à n'oublier personne, y compris son aîné, si discret : « C'est le plus pacifique, le plus réfléchi de la famille, assurait-il toujours à *Challenges*. C'est pour cela qu'il est dans la holding de contrôle. » Quant à sa fille, Marie, elle n'a pas hérité d'un chemin couvert de pétales de roses, envoyée à Milan pour assurer le suivi des imbroglios italiens de son père, puis missionnée à Paris, où elle a dû batailler au moment de la fermeture des activités d'autopartage. « C'est d'ailleurs assez surprenant, observe un bon connaisseur de la famille. Généralement, les pères qui n'ont qu'une seule fille sont particulièrement attentifs à leur destin. Or Vincent a réservé à Marie d'abord les sujets les plus difficiles, puis aujourd'hui, avec la responsabilité de sa fondation, un job presque de routine... » Interrogé sur sa relation avec sa fille, le patriarche s'en tire comme souvent par une pirouette : « Je la laisse faire, parce qu'avec les femmes si on leur confie le volant et qu'on leur dit en même temps "accélère, freine", généralement cela finit mal. »

Pendant toutes ces années d'apprentissage, Vincent Bolloré a d'ailleurs veillé à « ne jamais faire de reproches publics à ses enfants », constate Michel Roussin, l'autre « parrain » du groupe, sur les activités africaines cette fois, qu'il connaît sur le bout des doigts pour avoir été ministre de la Coopération d'Édouard Balladur. S'il laisse effectivement à Cyrille la bride sur le cou en Afrique, où il répugne désormais à se rendre, il n'en est pas de même dans les médias. « Je dois y passer encore un peu de temps pour stabiliser les choses. Et comme il y a encore quelques sujets difficiles, c'est mieux que ce soit le vieux paratonnerre qui prenne la foudre. »

La confidence date de 2017, et la foudre n'a effectivement cessé de tomber depuis : prise de contrôle de Vivendi, OPA avortée sur Ubisoft, sauvetage et licenciements à Canal+, grève à iTélé devenue CNews, raidissement éditorial de la chaîne d'information, déprogrammations abruptes d'émissions, poursuites judiciaires contre des journalistes impertinents, rachat de Prisma Média, raid puis OPA sur Lagardère, polémique à Europe 1, licenciement du patron des rédactions de *Match* et du *Journal du dimanche*, les deux fleurons de Lagardère dans la presse, soutien de moins en moins voilé à la candidature d'Éric Zemmour à la présidence... Pas sûr que « le vieux paratonnerre » ait toujours rempli son office, mais quel déploiement, à l'image de la victoire en rase campagne chez Lagardère, où l'héritier de Jean-Luc, Arnaud, a abandonné fin juin 2021 le rôle d'actionnaire dominant à Vincent Bolloré. « C'est un génie », a salué, tout en sobriété, Nicolas Sarkozy, administrateur de Lagardère, lui qui était pourtant allé le chercher pour jouer « le chevalier blanc ». Mais que faire maintenant de toutes ces participations, dont certaines acquises à la hussarde ? Et Yannick est-il taillé pour réorganiser ce conglomérat qui va de la publicité aux télécoms, en passant par des chaînes de télé, des jeux vidéo, des journaux et trois radios ?

« Après avoir pris le contrôle de Lagardère, Vincent s'active pour mettre l'ensemble du groupe d'équerre pour l'échéance du 17 février », assure un proche. Mais quel Vivendi veut-il dessiner ? Quand, à l'assemblée des actionnaires de mai 2021, le président du directoire Arnaud de Puyfontaine, très offensif, promet d'« aller de l'avant » ; en coulisses Bolloré évoque, lui, « un Vivendi pérenne ». Précision d'un de ses anciens conseillers : « Un Vivendi qui soit surtout à la taille de Yannick, et c'est très intelligent. »

Dans ce grand toilettage, le fidèle Claude Bébéar apporte sur son allié de toujours un étonnant éclairage : « Vincent ne comprend pas par exemple la manière de faire du business des Américains. Et il préférera laisser un groupe gouvernable par ses enfants, plutôt que de tenter une aventure mondiale comme nous l'avions fait avec Axa. » À cette aune, il est apparu particulièrement opportun de délester Vivendi d'Universal Music Group. Jalousement dirigée depuis la Californie par un Britannique, sir Lucian Grainge, qui a la reconnaissance du ventre (« Nous n'en serions pas là sans le soutien inébranlable de Vincent Bolloré », a-t-il confié aux *Échos*), la major de la musique, ragaillardie par le streaming, avait en effet fait l'objet d'une incroyable valorisation : plus de 30 milliards d'euros par le Japonais Tencent, puis 45 milliards au moment de la cotation de la pépite à la Bourse d'Amsterdam, en septembre 2021.

Conséquence : l'exfiltration de la musique de Vivendi, financièrement menée de main de maître, rapporte un capital de 8 milliards d'euros transféré directement dans les caisses de son premier actionnaire, Bolloré !

Vient alors une question : dans cette grande toilette d'actifs en prévision de son prétendu retrait, que va faire Vincent Bolloré de ce ticket de 18 % dans le numéro un mondial de la musique ? Toucher de confortables dividendes pour ses vieux jours ? Ou utiliser cette masse d'argent, certes pas encore tout à fait liquide, pour un nouveau mouvement ? Dans la communication, ou dans le transport-logistique, l'autre facette du conglomérat ? Et c'est là que ressurgit la vieille rumeur, récurrente depuis que Bolloré a pris le contrôle de Havas : mettre la main sur Publicis. Le patron fraîchement débarqué dans les médias avait d'ailleurs alors sondé Jean-Marie Dru, l'inventeur du concept de « disruption », l'autre pape français de la pub après Maurice Lévy, l'inamovible PDG de Publicis. Et puis rien ne s'est fait, Lévy a mis Arthur Sadoun sur orbite comme patron du directoire, et aujourd'hui c'est Yannick qui s'est chargé lui-même de démentir : « La seule chose que je peux vous dire, c'est que le sujet est tout sauf neuf, a affirmé le cadet dans *Stratégies*, en faisant une réponse peu argumentée mais pleine de références au passé. Durant le confinement, je suis retombé sur les Mémoires de Marcel Bleustein-Blanchet [le fondateur de Publicis] dédicacés à mon grand-père Michel, patron des papeteries Bolloré. Deux choses très amusantes : la rumeur existait de son temps, Publicis étant l'agence du groupe Bolloré, et Marcel Bleustein-Blanchet, le meilleur ami de mon grand-père. Et le livre évoque notamment la création du slogan pour les papiers à cigarette de Bolloré : "Si vous les aimez bien roulées." Je ne sais pas si on aurait encore le droit de faire ça... » Une fois le sourire passé, il faut savoir que Yannick Bolloré n'est pas particulièrement fiable, question démenti. « Un Vivendi recentré sur les médias peut-il absorber Havas ? » lui demandait en 2014 un journaliste sur le plateau du « Buzz média ». Réponse sans ambiguïté de celui qui n'était alors que le patron de l'agence de publicité : « Même si nous avons un actionnaire commun, le groupe Bolloré, le dossier n'est pas ouvert. » Trois ans plus tard, Vivendi rachetait Havas, et le groupe Bolloré encaissait un chèque de 2,4 milliards d'euros...

Depuis les années ont passé, les milliards d'euros se sont accumulés dans les caisses de Bolloré, et Vincent, retraité officiel à partir du 17 février 2022, va-t-il priver ses enfants de son incroyable, inlassable, talent pour faire de l'argent ? Il aura 70 ans le 1er avril 2022, et « à cette étape de sa vie, Vincent donne l'impression de préférer la transmission patrimoniale de son groupe à son intérêt social », regrette l'un de ceux qui l'ont accompagné à la conquête de l'Afrique. D'ailleurs l'annonce du désengagement de Bolloré sur le continent, confirmée par le groupe en décembre 2021, semble lui donner raison : jamais les actifs liés au transport maritime n'ont été autant valorisés ; et Cyrille a désormais bien d'autres choses à faire que de planter des drapeaux dans des pays où il a écopé du surnom pas très flatteur de « Papa m'a dit ».

Et pourtant, papa l'a dit aussi, et très clairement à partir du 17 février : désormais, « Cyrille décidera ». Le benjamin des garçons, PDG du groupe, s'est donc installé dans le bureau paternel, au faîte de la tour Bolloré, à Puteaux, et ne masque pas sa prise du pouvoir : « La transition s'est faite en réalité il y a deux ans », lance-t-il ainsi, lorsqu'on l'interroge, impromptu, sur le rôle dévolu désormais à son père. Cyrille dirige les trente-quatre mille collaborateurs du transport et de la logistique qui font l'essentiel du résultat de Bolloré, en dehors de Vivendi. Surtout, il en pilote, seul paraît-il, le comité d'investissements, avec un appétit particulier pour la logistique, qu'il a développée dans le monde entier. Un secteur à la rentabilité sans surprise, et dans lequel il excelle parce que c'est une activité B to B, où il n'a pas besoin de faire comme s'il avait le charisme de son père. Cela voudrait alors dire que Bolloré, après quarante années de chahut dans l'establishment français, adopterait davantage un profil de rentier que d'aventurier. Qui peut sérieusement y croire ?

Alors partira, partira pas ? Dans le *Dictionnaire amoureux de l'entreprise,* ce n'est pas un hasard si Vincent Bolloré a ostensiblement choisi de rédiger le chapitre « Transmettre ». Après y avoir précisé qu'il avait « longuement à l'avance transféré [s]es actions de contrôle du groupe en quatre parts égales à [s]es quatre enfants et réglé les droits de succession de [s]on vivant », il se livre à cette confession inattendue : « Il faut transmettre les fonctions de direction et par conséquence les abandonner. À ces moments, on voit le regard des autres qui évidemment se détourne pour aller vers le nouveau pouvoir - cela est bien naturel mais toujours un peu douloureux. On voit aussi l'emploi du temps qui se vide un peu et assez vite le plaisir d'être un peu moins "pris" laisse la place à un sentiment de vide qui inexorablement montre le temps qui passe, la vieillesse qui arrive... » Vincent Bolloré y est-il vraiment prêt ?

Et puis il y a évidemment une dernière option : que cela ne marche tout simplement pas à la septième génération : que le Bolloré présentant en rigolant ses enfants comme le casting parfait de l'émission « Nouveaux talents » - un *collector* de la chaîne Direct 8 - se soit tout simplement trompé ; que Cyrille ne sache pas vraiment quoi faire de la montagne de cash dont le groupe héritera, surtout si l'Afrique est finalement cédée ; que Yannick, à la tête d'un Vivendi redimensionné, n'ait pas la volonté de son père quand il a fallu donner à Canal+ une nouvelle stratégie, ou quand il a mené l'assaut chez Lagardère... Or, il n'y a pas de plan B. La personnalité de Vincent, qui décide de tout, même de son itinéraire en voiture - il ne fait jamais appel à son chauffeur -, fait qu'une procédure contenant davantage de gardefous n'était pas envisageable. Personne n'a proposé un modèle de « trustee » extérieur, comme celui qui avait avalisé le choix de François-Henri Pinault pour succéder à son père. Personne n'a joué auprès de Cyrille ou Yannick le rôle de coach qu'un Serge Weinberg a eu pour l'héritier Pinault. « De toute façon, c'est de la conduite accompagnée, Vincent veille », rappelle notre porte-parole. Et comme dit Claude Bébéar, « Vincent sait le moment où il faut s'arrêter. »

II

Le conservateur

De la villa Montmorency au Paloma – « Sarko-fan » – CNews, Canal Zemmour – Droite ou extrême – Et Dieu dans tout cela ? – Dîner raté à l'Élysée – « Mi-ange, mi-démon » – Le créneau Fox News

Étonnant court-circuit, à quelques jours de distance : au printemps 2021, deux éminences de la vie politico-économique parisienne se retrouvent assises à la même table, celle de Claude Perdriel. L'industriel et patron de presse, curieux de tout, laisse la conversation dériver sur Vincent Bolloré, qui est en passe de prendre le contrôle de Lagardère. Vivendi, allié au fonds Amber, a désormais la main sur 48 % du capital, et la commandite, qui protégeait Arnaud Lagardère, doit être débouclée dans les prochaines semaines, ouvrant la voie à un triomphe total du nouveau roi des médias. Mais, au fait, quelle couleur politique Bolloré affiche-t-il ? La question interpelle Perdriel, qui, dans sa jeunesse, s'est pris d'un amour fou pour une tante de Vincent, et n'a jamais oublié que la famille a eu ses héros – les deux oncles qui ont débarqué en France le 6 juin 1944 avec le Commando Kieffer – mais aussi son soldat perdu – l'un des deux, l'oncle Gwenn, devenu éditeur des partisans de l'OAS. Alors quelle tendance ? « Centre droit », assure tranquillement le premier, confident de Nicolas Sarkozy, et indifférent au buzz médiatique sur le soutien de Bolloré aux thèses d'Éric Zemmour sur sa chaîne CNews. Réaction beaucoup plus tranchée du second, conseiller d'Emmanuel Macron : « La dérive droitière de CNews est insupportable, nous ne laisserons pas Vivendi s'emparer d'Europe 1 et du *Journal du dimanche*... »

La pré-campagne pour l'élection présidentielle de 2022 a mis de l'électricité dans l'air. Et la montée en puissance du polémiste de CNews dans les audiences de la chaîne, puis dans les sondages d'opinion, ont tout d'un coup déplacé les projecteurs vers le plateau de la filiale la plus voyante de l'empire Bolloré, une des plus insignifiantes pourtant – à peine quelques dizaines de millions d'euros sur un chiffre d'affaires global de 24 milliards. Mais quel tintamarre dès le départ ! Vincent Bolloré avait défié le personnel d'iTélé à l'automne 2016, au moment même où l'antenne devait prendre ses nouvelles couleurs de CNews, en maintenant sa confiance au chroniqueur Jean-Marc Morandini, malgré sa mise en examen pour « corruption de mineur ». Conséquence : une grève de trente et un jours, la plus longue jamais déclenchée dans l'univers de la télé, devait suivre, sans que les salariés obtiennent quoi que ce soit, sinon la possibilité de quitter iTélé avec indemnité. Ce qu'ils ont fait à une très large majorité. Car plus la pression des médias montait, plus le défilé de personnalités de gauche devant les studios s'allongeait, plus le doute s'emparait des conseillers de Bolloré, plus celui-ci leur disait qu'il fallait se montrer inflexible : « Les élections sont dans à peine six mois. Ils auront disparu, et nous serons toujours là ! »

Et aujourd'hui Vincent Bolloré est effectivement toujours là, au cœur du débat, avec une chaîne qui a doublé son audience et va afficher en 2022 ses premiers profits. Mais à quel prix ? Quand BETC, une agence de Vivendi, concocte la campagne de CNews sur le mode « Pourquoi faudrait-il qu'on soit tous d'accord ? », *Society,* « quinzomadaire libre et indépendant » comme il se proclame, repère sur douze pages les multiples dérives dans le traitement de l'information à l'antenne. Et rappelle que, dans la convention avec le régulateur, « l'éditeur s'engage à ne pas encourager les comportements discriminatoires en raison de la race, de l'origine [...], de la religion ou de la nationalité ». En cause, la fameuse sortie d'Éric Zemmour, en septembre 2020, sur les migrants mineurs, qui a d'ailleurs valu une condamnation à la chaîne : « Ils sont voleurs, ils sont assassins, ils sont violeurs. C'est tout ce qu'ils sont. Il faut les renvoyer. »

Un an plus tard, le polémiste, en pleine ascension préélectorale, doit abandonner son « Face à l'info », qui rassemblait chaque soir de sept cent mille à huit cent mille téléspectateurs, le régulateur imposant le décompte de son temps de parole. Pourtant l'audience ne faiblit que marginalement. Car l'auteur de *La France n'a pas dit son dernier mot* reste présent, à d'autres émissions ou subliminalement, dans « Face à l'info ». Un exemple ? Le soir du sondage Harris Interactive dans lequel Zemmour s'invite pour la première fois au second tour de l'élection présidentielle, il est pendant une heure sur CNews, dans la « Punchline » de Laurence Ferrari. Celle-ci, il est vrai, ne sert pas la soupe au vrai/faux candidat. Mais dans le « Face à l'info » qui suit, Christine Kelly demande à ses invités de décrire « leur » Zemmour. Florilège : « Un assemblage de sincérité et de courage » (Charlotte d'Ornellas) ; « Un garçon très touchant, on a envie de le choyer » (Marc Menant) ; « Véritable phénomène politique et très courtois » (Mathieu Bock-Côté)... Il n'y a que Dimitri Pavlenko pour prendre un peu de distance : « Il est très chaleureux, mais il a des obsessions ! » Le tapis rouge ainsi déroulé pour le polémiste d'extrême droite, la presse de gauche s'en donne à cœur joie. Et *Le Canard enchaîné* rigole, identifiant par exemple pas moins de sept vidéos consacrées à l'ex-vedette de la chaîne sur le site cnews.fr, le 25 octobre. C'est plutôt CNews qui semble avoir des obsessions...

Mais quelle mouche a donc piqué Bolloré ? C'est lui qui s'est battu contre le retrait imposé du polémiste dans « Face à l'info ». Lui qui l'avait « signé », comme on dit dans le monde des stars, ainsi que Zemmour le raconte lui-même, détaillant (dans *Valeurs actuelles*) les conditions de la rencontre du 25 octobre 2019 : « Vincent Bolloré est passé par un ami commun pour m'inviter à déjeuner. Le déjeuner s'est avéré chaleureux et sympathique. Il me propose de venir tous les soirs à l'antenne. Je crains l'usure. Il insiste. Je découvre que nous avons beaucoup de points de convergence intellectuelle. Bolloré est convaincu et convaincant. J'accepte. » Et c'est ce patron « convaincu et convaincant » qui veut désormais multiplier les passerelles entre CNews et Europe 1. C'est encore lui qui a pesé de tout son poids pour contraindre Arnaud Lagardère à se séparer à l'automne 2021 du directeur de la rédaction du *Journal du dimanche* et de *Match* après la publication d'une couverture gênante pour l'aspirant candidat. Toujours lui qui aurait lourdement insisté auprès de Laurent Wauquiez pour que celui-ci ne se présente pas à la primaire des Républicains, et abandonne à son champion l'espace de la droite autoritaire. Enfin lui qui se déclarait prêt à financer Xavier Bertrand, à la condition que le président des Hauts-de-France mette « beaucoup plus de Zemmour » dans sa campagne. Lui donc, qui voudrait peser, avec la puissance de son groupe de médias, sur le débat présidentiel...

Pourtant, en six générations de Bolloré, aucun membre de la famille n'avait eu une si étonnante ambition. Il y avait bien eu le deuxième du nom, Jean-René, qui avait été élu conseiller général du Finistère dans les premiers scrutins de la IIIe République, mais avait échoué à la députation. « L'homme d'énergie obtient à peine un regard », écrira-t-il, dépité, au lendemain de sa défaite, comme le rapporte Jean Bothorel dans *Vincent Bolloré, une histoire de famille*. Et le biographe de la dynastie de noter, plus près de nous, que « la famille Bolloré n'a jamais pris de positions partisanes ». Vincent Bolloré a bien transporté dans ses bureaux successifs la photo de son père, Michel, avec Georges Pompidou. Mais il n'y faut voir aucune forme d'affiliation : Léon Blum, François Mitterrand, le radical Félix Gaillard, les centristes Edgar Faure et Jacques Duhamel étaient reçus pareillement dans l'hôtel particulier des Bolloré, et pouvaient faire sauter sur leurs genoux un Vincent encore enfant. Et quand l'entrepreneur prit son élan et mit la main sur la banque Rivaud, dans les années 1990, il n'eut de cesse d'y fermer les comptes que deux partis politiques y avaient ouverts, l'UDF et le RPR, se prenant au passage une soufflante d'Alain Juppé, alors trésorier de celui-ci.

Alors, bien sûr, il y a l'amitié avec Nicolas Sarkozy, dévoilée aux yeux de tous avec le prêt du *Paloma*, le yacht de Bolloré, après l'élection présidentielle de 2007. « Mais il fallait voir dans quel état se trouvait le président élu, raconte un des participants à la fameuse soirée du Fouquet's. Cécilia, qui n'était pas allée voter, restait scotchée au sixième étage de l'hôtel. À tel point que quand Sarko a fait son discours, et dédié sa victoire à la mère de Cécilia, il a exigé de déplacer la sono dans le patio, espérant que sa femme l'entende par des fenêtres ouvertes... Bollo a réagi plutôt avec une forme de compassion spontanée quand il a compris que Cécilia ne voulait pas entendre parler de vacances en Corse dans la villa de Christian Clavier. »

Les deux hommes se connaissent depuis longtemps. « Nous sommes de la même génération, a confié Bolloré à Bothorel. [Nicolas Sarkozy] m'est tout de suite apparu comme un jeune au caractère trempé, volontaire, plein de fougue et très sympathique. Je l'ai vu monter en puissance sur la scène politique. Il avait cette compétence et ce tempérament qui m'ont toujours fait penser qu'il pouvait prétendre à un destin national. » Pourtant la relation Bollo-Sarko n'a pas toujours été aussi confiante. « Il ne faut jamais oublier que c'est le Sarkozy avocat, alors au creux de la vague, qui avait rédigé en 1997 le pacte entre Bouygues et Bolloré, et que ce dernier a déchiré en contestant les comptes de l'entreprise de BTP », rappelle un intime. Heureusement, feu Antoine Bernheim, proche de l'homme politique et de l'homme d'affaires, avait contribué à les rabibocher, et Nicolas Sarkozy se trouvait au premier rang quand le banquier a eu le plaisir d'agrafer la légion d'honneur au veston de Bolloré, en 2004. Et quand Sarkozy est arrivé à l'Élysée, l'entrepreneur n'a pas eu à se brider : « Je suis un Sarko-fan », proclame-t-il, n'hésitant pas à mouiller sa chemise pour ce président auquel il voue « admiration et affection ».

Dix ans plus tard, après l'avoir appelé au secours d'Arnaud Lagardère, et avoir compris comment le patron ami, devenu magnat des médias, allait remporter la mise, l'ex-président et administrateur de Lagardère n'a qu'un mot pour Bolloré : « C'est un génie ! » Comme l'a constaté un autre membre du conseil : « Il y a une attirance mutuelle. Sarko, qui a tendance à sulfater 90 % de l'humanité, à toujours mettre le doigt sur le point faible des gens qu'il rencontre, est fasciné par Bolloré. Ils se reconnaissent tellement, avec leur trop-plein d'énergie et leur absence de surmoi, que c'en est un émerveillement. » Un ex-conseiller des deux hommes, sollicité par Emmanuel Macron, soucieux de comprendre leur relation, avait trouvé cette phrase : « Sarkozy le voit comme un Gengis Khan, qui a gagné contre Lagardère, qui a écrabouillé Bernard Arnault, parce que ce dernier ne prend pas son pied, comme Vincent, à faire la guerre. » Gengis Khan ? « Conquérant impitoyable et sanguinaire », nous dit Wikipédia...

Avec de tels états de service, on pourrait imaginer la baisse de tension chez Bolloré quand Sarkozy a été remplacé par « Flanby », ainsi qu'Arnaud Montebourg surnommait élégamment François Hollande. Et pourtant - hasard ou nécessité ? - Bolloré avait engagé sur sa chaîne TNT Direct 8 une certaine Valérie Trierweiler, qui y anima les émissions politiques avant de s'installer au QG de campagne du futur président de la République, devenu son compagnon. Et Vincent Bolloré, qui avait veillé à « ne jamais parler business » avec son ami Sarkozy, n'a pas eu les mêmes préventions avec son successeur. C'est ainsi que François Hollande, dès septembre 2014, et vingt-huit ans après François Mitterrand, a fait le pèlerinage à Ergué-Gabéric, siège breton du groupe Bolloré en pleine diversification vers le véhicule électrique, où il a souligné « la persévérance » et « l'audace » de l'entrepreneur. Lequel ne le fera pas mentir, sollicitant à plusieurs reprises le soutien du président de la République, grâce à Bernard Poignant, le député PS de Quimper, fidèle de Bolloré en tant qu'élu local, et qui aura la bonne idée de s'installer à l'Élysée comme conseiller spécial. Par son intermédiaire, le PDG sollicitera François Hollande à deux reprises pour consolider son emprise sur Vivendi, empêchant un vote gênant de la Caisse des dépôts sur des droits de vote double, et contrariant la nomination de l'Allemand Thomas Rabe à la tête du directoire, au nom des « intérêts français », représentés évidemment par Bolloré. Et côté Afrique, il n'hésitera pas à demander un coup de main présidentiel sur une concession portuaire au Cameroun, intervention que François Hollande ne démentira pas en fin de mandat : oui, il a bien « évoqué le dossier [du port] de Kribi avec Paul Biya [le président du Cameroun] en juillet 2015 ».

Et puis plus rien. Ou plutôt si : une sourde indignation de l'Élysée devant la brutalité de la méthode Bolloré à Canal, la disparition des « Guignols », et la longue grève à iTélé. François Hollande n'a pas eu le temps de voir Zemmour triompher sur CNews, mais, comme d'habitude, il a déjà tout perçu, ainsi qu'il le confie dans le livre *Conversations privées avec le président* (Albin Michel) à Karim Rissouli et Antonin André, le dernier des couples de journalistes à l'avoir confessé : « Quand Bolloré est venu me voir, il me dit "on va reprendre 'Le Grand Journal', 'Les Guignols', ça deviendra international". Comme il a un physique plutôt moderne, Bolloré, on ne le voit pas venir, mais c'est un catho intégriste en réalité. Il reproche non pas à Canal d'être à gauche, mais de ne pas être sur des valeurs à lui, d'attaquer le pape, la religion, etc. Je pense qu'il faut se méfier de Vincent Bolloré. Mais pas simplement politiquement.

Ceux qui ne s'en sont pas méfiés sont morts. C'est un pirate. »

Emmanuel Macron dirait-il la même chose aujourd'hui ? Son conseiller présent chez Claude Perdriel, certainement. Macron et Bolloré... Ces deux-là avaient tout pour s'entendre : certes, ils ne sont pas de la même génération, mais ils ont l'un et l'autre, à leur façon, « le look moderne », comme dit François Hollande... Et quand, sous la présidence de celui-ci, le ministre de l'Économie fait, en janvier 2016, l'incontournable escale à Ergué-Gabéric pour inaugurer la ligne d'assemblage des bus électriques, il laisse un souvenir éblouissant « C'était une belle journée d'hiver, Macron nous a impressionnés avec son discours, tout le monde était heureux », se souvient un compagnon de Bolloré. D'où vient que les choses se soient autant délitées ? La purge à Canal, encore et toujours ; la manipulation pour écarter Thomas Rabe, où Bolloré a été pris en flagrant délit de manipulation ; une forme de jalousie entre deux séducteurs invétérés...

Surtout, Bolloré a été déçu : « Il attendait de grandes réformes, et elles ne sont pas venues », poursuit notre compagnon. On passe alors au dépit amoureux, un peu comme François Pinault, quand il dit de Macron qu'« il ne comprend pas les petites gens », dans *Le Monde*. Et puis, à l'aube de la campagne électorale, cela tourne à la guerre, avec son cortège de malentendus et fausses interprétations, bien dans la tendance parano que Bolloré laisse parfois se développer autour de lui, du style : « C'est l'Élysée qui alimente *Le Canard* ou le site Les Jours ! » Un membre du directoire de Vivendi temporise cependant : « Macron s'y est mal pris, en interdisant dans un premier temps à ses ministres de venir sur les plateaux de CNews. Comment n'a-t-il pas trouvé un moyen d'attirer Vincent Bolloré dans son truc, comme Bernard Arnault ou Xavier Niel ? » Le PDG de LVMH voit en effet en Macron « le Blair français » qu'il espérait de ses vœux depuis de longues années. Quant au propriétaire d'Iliad-Free, et actionnaire du *Monde,* il fait la part des choses : lui-même se dit « proche du président », mais il admet que le quotidien « tape sur Macron ». Contradiction ? En aucune façon, car, promet-il, « je ne me mêle pas de la ligne éditoriale. À l'inverse de Vincent, qui pousse Zemmour pour emmerder Macron. »

Autant dire que quand Nicolas Sarkozy a proposé en juin 2020 un dîner à l'Élysée pour les rapprocher, la partie n'était pas gagnée. Bolloré y a vu un piège, lui qui se veut inclassable. « Il a donc tout fait pour imposer la présence des épouses et compagnes, assurance pour que tout se passe bien, mais que rien d'important ne soit dit », révèle un initié. On a donc parlé... batteries électriques, et chacun a pu repartir, fort de ses certitudes – « Macron avec son absence totale de fascination pour les puissances d'argent, malgré ce que dit la presse de gauche », selon une intime du couple présidentiel ; et Bolloré avec ce sens de l'impunité si commun aux milliardaires – « Je ne baisserai pas mon froc ! » lance Logan Roy, le *tycoon* des médias qui ne veut pas lâcher prise dans *Succession,* la série qui passe sur OCS City.

Mais le patron de Vivendi ne doit pas la regarder : c'est sur une chaîne concurrente...

Pour tenter de comprendre à quelle droite appartient vraiment le Vincent qui ne veut faire partie d'aucun clan, il faut revenir aux fondamentaux : les origines bourgeoises ; la volonté de transmettre le patrimoine familial ; le catholicisme traditionnel ; et, surprise du chef, sinon le charmant Bolloré serait simplement un fils de famille dégourdi et sympa, une volonté constante de transgression. L'argent dans tout cela ? Partout et nulle part. Milliardaire, certes, mais sa Mercedes 190 bleue n'a plus d'âge, le *Paloma* est davantage remarquable par la beauté de ses cuivres que par sa flotte de jet skis, et sa colonie de maisons à Saint-Tropez ne se situe pas dans la partie la plus huppée de la presqu'île. Bien sûr il y a le Falcon... Pourtant, une mère de famille gênée se souvient de l'avoir eu à côté d'elle dans un vol commercial Paris-Toulon : sa petite fille n'arrêtait pas de pleurer, et Bolloré, loin de s'en formaliser, avait passé tout le trajet à tenter de la calmer avec moult mimiques et grimaces.

C'est son côté famille, à condition de préciser que chez les Bolloré personne n'a jamais manqué de quoi que ce soit, même quand les Papeteries vacillaient. Habiter entre La Muette et Passy, disposer d'innombrables résidences, se faire déposer au lycée par le chauffeur de papa, fréquenter les enfants Dassault et autres rejetons du XVIe arrondissement chic n'incite guère à la révolution, même si Vincent a fait ses études de droit le soir à Nanterre. Mais c'était après Mai 68, les amphis s'étaient assagis, et le jeune banquier Bolloré, avec sa

Fiat 500 pourrie, n'avait pas à traverser le bidonville, à la sortie du RER. Bref, Vincent n'a pas eu à se forcer pour ne pas tomber à gauche, quand il a voté la première fois, en 1974.

Deuxième valeur fondamentale : la transmission du patrimoine. « L'étymologie du mot patrimoine vient de père, rappelle Denis Kessler, le patron docteur en économie et en philosophie, longtemps au conseil de Bolloré. D'où la notion de conserver. » Et c'est bien, *a contrario*, la crainte de perdre l'entreprise familiale en Bretagne, quand son père était tout à ses mondanités parisiennes, qui est à l'origine de l'obsession de l'entrepreneur : transmettre Bolloré à la septième génération, celle de ses enfants. « C'est vrai que les gens très riches de ma jeunesse, les Prouvost, Béghin, Boussac, avaient trop vite disparu, écrit Bolloré dans le *Dictionnaire amoureux des entreprises et des entrepreneurs* (Plon). Les secteurs du papier, du textile et de l'édition qui les avaient rendus riches et qui paraissaient insubmersibles s'étaient finalement rétrécis ou avaient périclité en quelques dizaines d'années. C'est pourquoi sans doute j'ai poussé à ce que notre entreprise se développe au-delà de notre Bretagne et en dehors de l'activité papetière. Et j'ai bien sûr essayé à mon tour de transmettre à mes enfants, depuis leur jeunesse, cette même préparation pour jouer un jour le rôle d'actionnaires et/ou de dirigeants de cette entreprise que je comptais bien leur laisser lorsque le temps serait venu. » Henri Lachmann, l'ami industriel, et longtemps administrateur de Vivendi, tire de cette idée fixe sur la transmission, un constat et une certitude : « Cela fait de Vincent un conservateur - mais pas favorable à la droite extrême. Et son approche est trop patrimoniale pour le voir s'engager en politique. » Alors que fait-il en agitant la marionnette Zemmour ?

C'est là qu'intervient son troisième carburant, le catholicisme, mais pas n'importe lequel : une pratique traditionnelle de la religion, héritée des offices et des pardons de sa jeunesse en Bretagne, quand il passait ses étés entre Ergué-Gabéric et Beg-Meil (voir chapitre X). Il en fait un choix de vie... et une constante de la ligne éditoriale, tant sur Direct 8 que sur CNews. « Le cahier des charges que j'ai reçu de Vincent Bolloré, c'est de redonner une place à la spiritualité dans le PAF », détaille à *La Croix* Aymeric Pourbaix, que le programmateur en chef a mis à la tête de l'émission « En quête d'esprit », après en avoir fait le directeur de la rédaction de *France catholique,* hebdomadaire qu'il a racheté en 2016. En expert, *La Croix* a consacré une longue enquête aux « obsessions d'un milliardaire catholique », et à celles de l'abbé Grimaud, ce proche de la famille Bolloré qui œuvre en coulisse de CNews, avec un leitmotiv : « Mettre à l'antenne ce dont l'Église d'aujourd'hui n'ose plus parler - les anges, le péché, l'enfer, le paradis... » Ce père Grimaud qui fait précisément l'objet de quelques lignes dans le dernier livre... d'Éric Zemmour, *La France n'a pas dit son dernier mot* (Rubempré) : « L'abbé Grimaud, c'est don Camillo. Il en a l'accent, la faconde, le goût de la castagne. Ce n'est pas le communisme qu'il craint, mais l'Islam. Une complicité entre nous naît spontanément d'un combat commun. Nous sommes engagés pour la survie de la France telle que nous la connaissons. »

Bolloré, de son côté, ne dit pas autre chose quand il rencontre début 2020 un industriel qui, comme lui, investit dans les médias : « Le pays est foutu, et il n'y a qu'une force qui peut contrer cela, c'est l'Église... » La boucle est bouclée. Et Bolloré a donc choisi d'offrir une tribune télévisuelle à « cette France traditionnelle catholique et bourgeoise saisie de rage et d'effroi par l'avènement d'un monde qui la marginalise et prétend effacer tous ses repères politiques et religieux », pour reprendre le résumé parfait du député (Modem) Jean-Louis Bourlanges. Vincent Bolloré, adepte de la théorie du « grand remplacement » ? Les proches confirment : « Il n'est pas d'extrême droite, mais sa vision est bien "on ne va pas laisser la France aux islamistes". Il pense qu'il y a un problème majeur avec "l'invasion migratoire", comme disait Giscard, et qu'il est occulté par la bien-pensance. » Et c'est là que la volonté transgressive opère, permettant « le grand chambardement », Bolloré lançant désormais sans filtre, mais encore en petit comité : « Je me sers de mes médias pour mener mon combat civilisationnel. »

Jamais, depuis Robert Hersant au siècle dernier, un patron de presse n'avait manifesté un tel dessein, aussi clairement. D'où les haut-le-cœur de l'Élysée, et les avertissements de ses ex-conseillers. « Quand on est actionnaire d'un média, il faut pratiquer le leadership *from behind* [par l'arrière], comme disait Obama, estime

Alain Minc. Or Vincent n'aime que le leadership *from the front.* » Cet activisme débordant - notamment à Canal+ - est au cœur du divorce entre les deux compagnons, qui avaient mené tant de raids financiers fructueux ensemble. L'actionnaire de Vivendi n'a pourtant pas forcément eu tort, étant donnés les comptes de Canal en France (voir chapitre III) : il s'agissait alors davantage d'une question de survie de la chaîne que d'une absence de surmoi de son propriétaire.

Mais, c'est vrai, c'est plus fort que lui. Il y a des années, quand Bolloré s'intéressait déjà à la presse écrite pour intégrer le monde de la communication, son ami et fidèle conseiller Michel Calzaroni l'en avait dissuadé, comme s'en souvient Maurice Szafran, alors directeur de *Marianne,* à la recherche d'un nouvel actionnaire : « Je ferai tout pour que ce projet ne se fasse pas, lui avait confié celui que tout le monde dans les journaux appelle Calza. J'empêcherai Vincent d'aller dans les médias. Car il interviendra, et ce sera la guerre. » On y est. Xavier Niel, autre capitaliste peu partageur, estime pourtant que c'est un mauvais calcul : « Un journal qui restreint la liberté des journalistes finit par ne plus se vendre. Comme si moi, j'allais intervenir sur la ligne éditoriale, incroyablement marquée à gauche, du *Monde diplomatique,* au prétexte que ce ne sont pas mes idées, *Le Diplo* se vend bien, il est rentable. Ça me va. »

Pour la défense de Niel et Bolloré, ni les salariés de Canal hier ni les journalistes d'Europe 1 aujourd'hui ne se sont beaucoup préoccupés de rentabilité. La station de radio perd par exemple 25 millions d'euros chaque année depuis trois exercices. Et quand Vivendi imagine des synergies entre Europe 1 et CNews, c'est un tollé. Reporters sans frontières consacre à l'affaire une vidéo de quinze minutes titrée *Le Système B.*, dans laquelle l'animateur Patrick Cohen, démissionnaire, regrette qu'« Europe 1 s'éloigne des principes du journalisme tel que le pratiquait la station depuis soixante ans ». À l'appui de ce commentaire de l'ex-matinalier, les témoignages abondent. Mais peu importe, car Bolloré se moque éperdument de ce qui est dit ou écrit dans les médias : « J'ai eu à la fois l'image d'un bâtisseur et d'un raider, du gendre idéal, du type abominable, cela m'a toujours été plutôt indifférent », déclarait-il déjà il y a quinze ans dans *Challenges*. Aujourd'hui, il va droit à son but, se moquant de lui-même, et des réactions que cela produit : « Je suis mi-ange, mi-démon ! » Dans la *cover story* que le supplément du *Monde* a consacrée à « La croisade de Vincent Bolloré » en novembre 2021, son ex-beau-frère Gérard Longuet, qui le connaît par cœur, a noté un changement depuis deux ou trois ans : « Une forme d'insatisfaction, comme si l'argent et la réussite ne suffisaient plus. » Comme si les critiques l'encourageaient encore davantage à abandonner les sentiers battus, à se porter vers l'extrême.

La même enquête du *Monde* révèle un nouveau repas à l'Élysée, en juin 2021, où l'actionnaire de Vivendi se serait plaint à Emmanuel Macron sur le mode « J'entends dire que vous me prêtez des intentions qui ne sont pas les miennes. » Au cœur de la discussion, encore et toujours CNews, et sa « dérive droitière ». Sur ce sujet également, l'avis d'un Xavier Niel, qui dispute pourtant la réussite économique de Vivendi en Italie, mérite d'être entendu : « CNews offre un produit économiquement valable. En France la presse est libre, et il y a une frange de 20 à 30 % de l'opinion qui n'a pas de proposition éditoriale qui lui convienne. Ce n'est pas ma ligne politique, mais tout le monde peut créer de nouveaux médias. En plus, une chaîne de débats, cela ne coûte rien à produire... » Laurent Joffrin, l'ex-directeur de *Libération*, qui reconnaît faire souvent figure de caution de gauche dans l'émission « L'heure des pros », le confirme de manière facétieuse : « CNews, ce n'est rien d'autre qu'une conversation qui se répète entre quatre personnages - deux fachos, un qui l'est moins et un progressiste comme moi ! » De tels programmes n'épouvantent pas le patron d'un fonds anglo-saxon expert dans l'univers des médias, qui rappelle que l'activité la plus rentable dans l'empire de Rupert Murdoch, c'est Fox News : « L'entrepreneur Bolloré est donc parfaitement fondé à proposer une offre éditoriale de droite, alors que l'ensemble des médias français est plutôt de gauche. Et en plus, politiquement, il se fait plaisir. »

Les plus cyniques noteront au passage qu'avec Cyril Hanouna sur C8, Bolloré élargit le spectre. L'animateur vedette de l'autre chaîne gratuite de Vivendi, par ailleurs très proche de Yannick Bolloré, le fils de Vincent et président du conseil de surveillance, ne tient-il pas tout particulièrement à mettre des femmes voilées au premier rang du public de « Touche pas à mon poste » ? « Une émission populaire mais pas populiste, proche des gens et de leurs préoccupations, tient à préciser, dans *Challenges,* Stéphane Courbit, le président de Banijay, qui vient de racheter la société de production d'Hanouna. Tout le contraire de son principal concurrent *Quotidien,* qui distille à la même heure la bien-pensance parisienne. »

On l'a compris, la bien-pensance n'est pas un produit Bolloré. Paradoxal pour un enfant du XVIe. « Mais n'oubliez pas qu'il n'a pas eu de plus grand plaisir que de dynamiter l'establishment, rappelle un intime. Vincent est un homme d'excès : trop patron, trop catho, trop CNews... Il a accepté de casser le plafond de verre sur le sujet migratoire porté auparavant par le seul Front national. Cela a libéré la parole, notamment entre les candidats de droite. Il est ravi mais, attention, cela ne l'empêche pas de vomir les propos de Zemmour sur Vichy. N'oubliez pas que sa grand-mère a intégré la Résistance au sein du réseau Action. » Cela donne quoi en pleine campagne électorale, un tel chaos ? « Un électron libre, qui n'appartient à personne, et c'est ce que les hommes politiques détestent le plus. » Et pour qui ça vote, un « homme d'excès » ? « En fin de compte, il pourrait bien voter Macron. » Centre droit, on vous dit...

III

Le *media mogul*

« Les médias pour mes enfants » - PDA (président directeur d'antenne) - La dégelée de Canal et la divine surprise d'Universal - Le Netflix latin - L'attaque contre Lagardère - Vincent et Bernard - Hachette + Editis - 100 % Vivendi

« *A tycoon is born.* » Le pubard Jacques Séguéla, avec son sens de la mesure bien connu, le proclame dès 2006, Vincent Bolloré a pris rang parmi les grands des médias. Fallait-il qu'il se persuade d'avoir choisi le bon camp, après avoir trahi un an plus tôt son complice Alain de Pouzilhac, alors PDG d'Havas... ? Car à cette époque l'entrepreneur est surtout le roi des plus-values financières sur des raids - Bouygues, Pathé, Lazard, Vallourec... - qui se comptaient en milliards de francs puis d'euros. Mais en matière de médias, la récolte était plutôt disparate en dehors de l'arrivée tonitruante au capital de la 2e agence de publicité française : un premier investissement dans le secteur avec la SFP rebaptisée Euromedia, la société de production héritée de l'ORTF ; le rachat de l'institut de sondage CSA ; le journal gratuit *Direct Soir* ; et le véritable acte fondateur, le lancement en 2005 de la chaîne Direct 8 sur une fréquence de la télévision numérique terrestre... Et pourtant, du haut du dix-septième étage de sa tour, le Bolloré si peu doté parle déjà comme le *tycoon* de Séguéla : « Nous voulons investir dans les médias en France, peut-être demain en Europe, lâche-t-il à *Challenges*. Pas par fascination, mais par intérêt pour ces métiers et par souci de faire durer le groupe au-delà de 2022, date que j'ai fixée pour mon départ. Pour intéresser mes héritiers, mieux vaut être dans un métier en devenir, et qui les intéresse. » On est alors loin d'une volonté de peser dans le débat politique...

Vincent Bolloré a encore une vision presque consumériste de la presse, quand il revient, avec *Jeune Afrique*, sur son attrait pour le secteur : « J'achète depuis toujours chez mon kiosquier tous les journaux qui paraissent le samedi matin. Et je les lis le week-end à la campagne, où j'écoute aussi la radio. Je rencontre également beaucoup de gens. Avec cela, je me forge une idée sur ce que je dois faire. Il m'a semblé, je ne sais trop à quel moment, que la communication et les médias étaient un secteur intéressant. » Mais, très vite, la préoccupation dynastique reprend le dessus : « J'arrive à un âge où j'ai envie que mes héritiers soient intéressés par le groupe, qu'ils ne s'en désintéressent pas immédiatement si je devais disparaître. J'ai envie qu'il y ait de l'*affectio societatis*. Or, à l'exception de l'un d'entre eux, Cyrille, quand je parle à mes enfants, ils me parlent plus de médias que de fabrication de papier. Donc, je crois qu'on peut faire dans ce domaine des choses intéressantes et qu'en plus cela peut me permettre de faciliter le passage du flambeau à la septième génération. »

Quinze ans ont passé depuis la proclamation de Séguéla. Selon les vœux de Vincent, son fils Yannick, président du conseil de surveillance de Vivendi, ouvre l'assemblée générale le 22 juin 2021 : « Nous sommes là pour construire un grand groupe intégré international, avec sa raison d'être, Creation unlimited, pour améliorer par des contenus le monde dans lequel nous vivons. » Comme l'AG est encore en distanciel à cause des mesures sanitaires, on ne saura pas si Vincent Bolloré était au premier rang. Mais c'est bien lui qui est devenu le *tycoon* des médias : actionnaire de contrôle de Vivendi, vainqueur par KO de la bataille sur Lagardère, 14ᵉ fortune de France... Qui peut lui disputer cette position incontournable ? Pour Bernard Arnault, François Pinault, Xavier Niel ou la famille Dassault, les médias sont un hobby dans des empires qui ont d'autres vocations. Chez Bolloré, 80 % des profits du groupe viennent de la communication. Même le président de la République, qui s'en méfie comme de la peste, doit en prendre la mesure, et l'inviter à dîner, un peu contre son gré. Le *tycoon* est là, désormais, au centre du jeu. « Vincent, tu n'es ici qu'un administrateur comme les autres », lui avait pourtant rappelé son ami Jean-René Fourtou, alors président du conseil de surveillance de Vivendi, quand Bolloré a pris place pour la première fois, le 13 décembre 2012, autour de la table. Comme les autres ? Pas tout à fait. Car dès ce moment-là, il dispose de 5 % du capital du conglomérat des médias, seul de son espèce dans la salle du conseil. Il jure encore « n'avoir pas d'idées sur la gestion de Vivendi », fidèle au bon mot de son mentor, Antoine Bernheim, le banquier de Lazard qui a accompagné ses premières années d'entrepreneur : « On saisit des opportunités, et ensuite on dit que c'est stratégique. »

Et, effectivement, à peine Bolloré a-t-il grimpé au capital de Vivendi, au point d'en détenir 15 % dès 2015, et d'en être devenu l'actionnaire de référence et le président du conseil de surveillance, que les « opportunités » vont se succéder. À partir des métiers traditionnels hérités du rêve de « convergence » de Jean-Marie Messier, le PDG débarqué en 2001 par « la bande à Bébéar », et qui avait conceptualisé trop tôt le rapprochement des tuyaux (les télécoms de SFR) et des contenus (Canal+, Universal...), Vincent Bolloré va remodeler un Vivendi dont les deux tiers des actifs n'ont aujourd'hui plus rien à voir avec le Vivendi de Fourtou : retour dans les jeux vidéo (Gameloft), découverte de la vidéo en partage (Dailymotion), incursion en Italie (Telecom Italia, Mediaset) et en Espagne (Prisa), rachat du numéro un de l'édition en France (Editis), investissement dans les magazines (Prisma Média) et enfin le coup de maître sur Lagardère... « Avec deux branches sur trois - la presse et l'édition - qui confortent celles de Vivendi, Lagardère est l'acquisition parfaite », salue un des acteurs présents au tour de table de l'entreprise sur laquelle Bolloré va lancer une OPA en février 2022, concrétisant sa prise de contrôle de fait.

En réalité, à l'exception peut-être du rapt sur Lagardère, tous ces mouvements ont été mûrement réfléchis. Et réalisés conformément à une stratégie ainsi exprimée en 2015 : « Nous voulons créer un Bertelsmann à la française, résumait Vincent Bolloré, quelques mois après avoir raflé la présidence du conseil de surveillance à son ami Fourtou. Je crois beaucoup à la valeur de la culture française, face à un modèle américain qui énerve, et un modèle asiatique que l'on ne comprend pas. » Cette profession de foi, qui ne surprendra pas ceux qui connaissent le Bolloré si attaché au creuset catholique et latin de l'Europe du Sud, va se polir au fur et à mesure des années. Aujourd'hui, Vivendi évoque plutôt l'ambition de construire un « Netflix européen », alternative au réseau californien qui colonise le monde. « Mais toujours en concentrant nos investissements vers le sud et vers l'est, jamais vers l'ouest », précise un membre du directoire, justifiant ainsi l'autre coup de maître, après la reprise de Lagardère, de l'année 2021 : l'exfiltration d'Universal Music dans des conditions financières mirobolantes.

« Vincent a mené cette opération avec toute la rouerie du paysan du plateau de Millevaches, qui sort sa bête, va la montrer au marché, la rentre à la ferme, et laisse la rumeur enfler », apprécie ce proche de Bolloré, qui connaît bien le terroir. Qu'on en juge : en 2007, Vivendi voulait déjà vendre Universal Music pour se désendetter, et n'avait trouvé personne pour racheter l'entreprise, pourtant leader mondial, au prix proposé de 7 milliards d'euros ; en 2014, avec les premiers résultats encourageants du streaming, Jean-René Fourtou avait reçu une offre à 13 milliards ; pas assez cher, estime Bolloré, « Universal peut aller tout seul à 25 milliards » ; effectivement, en 2018, la banque Oddo-BHF surprend, avec une estimation à 20 milliards ; et, deux ans plus tard, la vente de deux premiers tickets de 10 % d'Universal se fera sur la base de 30, puis de 33 milliards ; avant que la Bourse d'Amsterdam, le jour de la cotation en septembre 2021, ne fasse exploser sa valorisation à... 45 milliards d'euros. Plus que la capitalisation boursière de Vivendi, quand il était encore propriétaire de cet actif hors pair !

Cette opération, formidable pour les actionnaires de Vivendi, et pour le premier d'entre eux, arrange également bien Bolloré pour deux raisons : « Vincent n'aime pas faire du business aux États-Unis », observe son ami Henri Lachmann, qui a couvé ses premiers pas au conseil de surveillance de Vivendi. D'ailleurs, il était bien précisé dans la notice d'introduction d'Universal Music que la future entité indépendante, pilotée depuis Los Angeles, ne disposerait d'aucun administrateur de Vivendi, ni de la famille Bolloré, qui se retrouve quand même avec 18 % des actions de la pépite exfiltrée. « Vincent a une devise : plus tu t'éloignes, moins tu contrôles », souligne un de ses partenaires en affaires anglo-saxon, qui a doucement rigolé quand il a lu, dans son *Financial Times*, Bolloré détailler ainsi son mode de management : « Je ne fais pas grand-chose à Vivendi. Je créé une atmosphère, je prends part aux nominations des gens, mais ce sont ces gens qui font tout. »

Avec *Challenges*, à la même époque (2016), le *tycoon* donne un peu moins dans la langue de bois : « Je torpille les structures. Ici tout le monde travaillait dans son château fort, alors que Vivendi, cela veut dire “vivons ensemble”. »

L’exemple emblématique de ce changement de culture, pour le meilleur, est l’odyssée du petit ours Paddington : personnage né dans l’édition, il est devenu le héros de deux films produits par Studiocanal – le troisième opus sera distribué en 2022 –, puis déclinée en produits dérivés (peluche, jeux...) avant de retrouver l’univers de l’*entertainment* (jeux vidéo, comédie musicale, série télé)... « Le modèle, c’est Disney, précise Bolloré. Leur inspiration s’affadissait, ils ont réagi. Il nous faut aller à la recherche des talents. Les repérer, les signer, les coacher. Et particulièrement à Canal et dans son catalogue, source de tout le cinéma français. »

Canal, le mot est lâché, pour le pire, cette fois. Car, contrairement à ce qu’il avançait dans le *Financial Times*, Vincent Bolloré s’est installé au cœur de la machine, dès qu’il a vu les comptes rougir. Les mardi, mercredi et jeudi, il est présent à 7 heures du matin, dans le bureau de l’ex-PDG, Bertrand Méheut, viré à l’été, sans ménagement mais avec de confortables indemnités, comme vingt-deux des cadres dirigeants. Une phrase du nouveau patron-actionnaire, lâchée devant un syndicaliste – « La haute direction d’une grande maison mérite un peu de terreur » –, deviendra le symbole de cette reprise en main. Comme dit Bolloré, « je crée une atmosphère »... À l’assemblée générale de Vivendi également, où il n'hésite pas à évoquer « une situation de faillite » : 264 millions de pertes pour Canal+ en France en 2015, un trou de 400 millions anticipé pour 2016. « Vivendi ne pourra apporter indéfiniment de l'argent », annonce aux actionnaires le premier d'entre eux, qui rappelle au passage « avoir mis 4 milliards avec ma famille et mes autres associés ».

« Les géomètres et les saltimbanques » restés à Canal vont vivre une tornade en direct. « Les réunions commençaient à 8 heures du matin, avec obligation pour ceux qui voulaient être entendus de le croiser avant, se souvient un rescapé, qui reconnaît à Bolloré bien des qualités, et pas seulement le charme et l'humour. « Il n'a pas hésité à poser des questions taboues que Bertrand Méheut ne voulait pas aborder : les émissions "en clair" sont-elles indispensables ? Peut-on vivre sans le foot ? Ne peut-on pas baisser le prix de l'abonnement, scotché à 39,90 euros ? On ne nous avait jamais parlé comme cela, et il y avait besoin de créer cet électrochoc. Mais en même temps, quelle violence ! Et quelle indifférence ! Il suit son chemin, et si les chiens aboient la caravane passe... »

À cette époque, Vincent Bolloré juge pourtant encore nécessaire de défendre son action à l'extérieur (« Il fallait y aller façon commando pour que Canal soit redressé ») et ses intuitions : « Les prix sont à la fois trop élevés et pas assez élevés. On va faire un Canal moins cher pour les jeunes, et plus cher pour les passionnés. Et on va créer des marches d'escalier. » L'homme qui mettra en musique cette stratégie est Maxime Saada, l'ancien numéro trois de Canal, aujourd'hui PDG. Surtout, il transformera un bouquet de chaînes en une plateforme – un agrégateur de contenus, comme on dit dans le métier –, offrant non seulement les programmes de Canal, mais aussi ceux de Disney ou de beIN, dont Canal est devenu le distributeur exclusif pour la France.

Résultat cinq ans plus tard ? Selon Maxime Saada, le plan d'économies de 1 milliard d'euros, associé à la baisse des prix pour stopper l'hémorragie des partants, « a permis de doubler la taille de Canal+ depuis l'arrivée de Vincent, avec 22 millions d'abonnés dans le monde ». Dans les états financiers 2020 de Vivendi, les chiffres bruts sont un peu moins éloquents : si les économies ont permis au résultat opérationnel de Groupe Canal de progresser de près de 300 millions d'euros, le chiffre d'affaires a quasiment stagné. Et Vincent Bolloré, qui espérait faire tripler les revenus de Studio Canal (600 millions en 2015), est encore loin du compte : dans une industrie certes très cyclique, ils étaient redescendus en dessous de 400 millions en 2020. En France, la vague de désabonnement (cinq cent mille dans les années précédant l'arrivée de Bolloré) a bien été endiguée, et le flux redevient même légèrement positif, ce qui est une performance avec l'explosion de Netflix. Mais justement, avec ses 8 millions de fans, la plateforme américaine fait désormais deux fois mieux que Canal dans son pays d'origine.

Auditionné par le Sénat en 2016 au cœur de la tourmente de Canal, Vincent Bolloré défendait ainsi le travail entrepris : « J'ai aujourd'hui la joie, ou la tristesse, cela dépend du point de vue des uns et des autres, de penser que Canal+ se redresse. Il me suffit de voir les équipes travailler ensemble, de voir le travail qu'elles abattent et le cap qu'elles suivent pour m'en convaincre. [...] On ne voit pas ce qui se passe sous la terre, mais quand vous avez retiré les cailloux et les racines, quand vous avez bêché, mis des engrais et des graines et qu'il y a l'eau et le soleil qu'il faut, les choses vont pousser à un moment. Je crois qu'il en va de même pour Canal. » La sécheresse des chiffres montre que parfois la terre est plus aride que prévu, et l'environnement moins bienveillant qu'attendu. « Car les dégâts ont été considérables en termes de réputation, observe une professionnelle de la télévision. La brutalité du plan de redressement a aussi contribué à démoder Canal. Netflix a récupéré son image, et pour les bobos orphelins du "clair", c'est France Inter qui donne le sentiment d'un plateau vivant, "là où cela se passe". »

Au sommet de Vivendi, aujourd'hui, on se montre évidemment satisfait du chemin parcouru, avançant par exemple une donnée inespérée : « Savez-vous qu'à notre grand étonnement en additionnant l'audience de tous les sites du groupe, nous sommes numéro trois en France, derrière Google et Facebook ? » Pas mal pour le « Bertelsmann à la française » imaginé par Bolloré. Même Jean-Marie Messier, qui aurait toute raison d'être amer, a béni le coup de fouet donné par son lointain successeur : « Il y a eu un trou entre 2002 et 2014 sur la stratégie numérique, rapportait l'ex-PDG de Vivendi, dans *Challenges*. On était passé d'un rêve d'être en avance à une réalité d'être en retard. Aujourd'hui, l'action de Vincent Bolloré, appuyée par Arnaud de Puyfontaine, est extrêmement excitante. » Un compliment tourné avant la percée dans l'édition et la mainmise sur Lagardère.

Vivendi a en effet signé un étonnant retour aux sources en rachetant le groupe d'édition Editis, et, pour une fois, ce n'est pas Vincent Bolloré qui est à l'origine de cela. Certes le « censeur » du conseil de Vivendi ne l'a pas empêché. Mais c'est le président du directoire, Arnaud de Puyfontaine, qui était à la manœuvre en 2019 pour faire rentrer au bercail les maisons d'édition Plon, Julliard, Presses de la Cité, Nathan, Bordas, Le Robert... contre un chèque de 900 millions d'euros. Puyfontaine, homme de l'écrit - il avait dirigé les filiales françaises des groupes de presse Emap et Mondadori et la branche européenne de Hearst depuis Londres -, prend alors sa vraie place. « Cela s'est révélé un franc succès, note, un peu jaloux, un actionnaire de Lagardère. Et surtout Vincent n'a pu manquer de remarquer que les trois leaders mondiaux de l'édition sont européens - Bertelsmann, Pearson et Hachette -, bien en harmonie avec sa stratégie de champion des médias non anglo-saxons. »

Editis, bien que numéro 2 en France, ne boxe pas dans la même catégorie. Mais, fait-on remarquer chez Vivendi, « sans Editis, nous n'aurions pas fait Lagardère ». Et sans Hachette en ligne de mire, Vincent Bolloré n'aurait pas davantage répondu à l'aimable sollicitation d'Arnaud Lagardère, même si ce dernier a longtemps prétendu le contraire : « On prête à Vincent des sentiments qu'il n'a peut-être pas », déclarait encore au printemps 2021 le fils de Jean-Luc (à *Challenges*). Et le même à l'automne (au *Journal du dimanche*) : « Si Vincent Bolloré n'avait pas été présent, le groupe ne serait pas là aujourd'hui dans sa totalité ; Hachette Livre non plus d'ailleurs. Je souhaite que cette relation perdure, car elle est très importante pour notre groupe. » Dix jours plus tard, Bolloré apportait sa réponse... et annonçait son OPA sur Lagardère. L'héritier, laissé de côté et ayant perdu toute crédibilité, pouvait rêvasser sur le titre qu'il avait pu lire en tête de son interview de deux pages, dans « son » *JDD* : « Nous sommes en mode conquête. »

« Une fois de plus, un benêt va chercher le renard et lui ouvre la porte du poulailler, moque un parfait connaisseur, à la fois des médias et de la méthode Bolloré (voir chapitre V). Et, non content de le faire venir, il se dépossède de sa société en commandite, qui protégeait tout le système, contre un plat de lentilles : en promettant à Arnaud de rester PDG de Lagardère pour un mandat de six ans, avec tous les éléments de rémunération afférents, Vincent supprime le dernier obstacle à son contrôle et peut lancer son OPA. » Il n'est pas sûr cependant que, l'OPA bouclée, le très chiche Bolloré laisse à Lagardère son train de vie actuel, évalué à 1 million d'euros par mois sur les comptes de la société...

Il reste désormais deux obstacles à franchir pour parfaire l'opération. Le premier est dans les mains de la Direction de la concurrence, à Bruxelles. S'il veut se hisser vers la première place mondiale, le nouvel ensemble Hachette-Editis ne doit pas perdre trop de maisons d'édition en chemin. Or, du fait des positions très fortes d'Editis dans l'Hexagone, l'addition des deux groupes dépasse les 50 % de parts de marché dans le parascolaire, les dictionnaires, les livres de poche et le tourisme. Il faudra faire des sacrifices. Mais pour que la victoire soit complète, Vincent Bolloré doit également récupérer les parts de Bernard Arnault, là encore sans abandonner trop d'actifs.

L'entourage des deux milliardaires le promet, « cela se passera bien », et tout le monde gardera bonne figure. « Il y a ici un immense respect pour Bernard Arnault, le meilleur capitaine d'industrie européen », entend-on au dernier étage du siège de Vivendi. À cinq minutes de là, avenue Montaigne, « on ne dit que du bien de Vincent Bolloré ». Et d'ailleurs ce dernier ne s'est-il pas réjoui après l'annonce officielle de l'entrée surprise de Groupe Arnault chez Lagardère, dans une déclaration à l'AFP, le 25 mai 2021 : « L'arrivée amicale [de Bernard Arnault] est accueillie très positivement par Vivendi et démontre qu'il croit en l'avenir des activités du groupe Lagardère » ? C'était un lundi, et Bolloré avait eu le week-end pour trouver les mots qui ne fâchent pas : Bernard Arnault l'avait en effet appelé le vendredi pour lui annoncer son investissement. Trois jours, le prix de l'estime...

Mais derrière les mots, il ne faut pas se le cacher, le mouvement a ulcéré Vivendi : « Tu fais chevalier blanc, et on te prévient au dernier moment qu'un autre vient à ta place », fulmine un administrateur. Voilà pourquoi le « cela se passera bien » n'est pas forcément crédible. Vivendi est arrivé sur le dossier avec un intérêt appuyé pour certains joyaux de Lagardère : Hachette évidemment, très complémentaire hors de France de son activité d'édition ; et les médias Europe 1 et *Match*, « le seul hebdomadaire français connu dans le monde entier », selon un membre du directoire de Vivendi. Bernard Arnault met au contraire constamment en avant sa volonté de soutenir le groupe Lagardère « dans son intégrité » par fidélité à Jean-Luc Lagardère, dont le fils, Arnaud, avait récupéré un strapontin au conseil d'administration de LVMH après la mort de son père, en 2003. Mais, à l'inverse de Bolloré, son arrivée chez Lagardère ne comporte pas vraiment de projet industriel. « Il y a beaucoup d'*hubris* dans ce mouvement soudain, estime un administrateur de Lagardère. Comme une volonté de jouer au parrain de l'establishment parisien. »

Il faut dire que le détenteur de la deuxième fortune du monde a de quoi impressionner, même Bolloré, vingt fois moins doté, selon le classement de *Challenges*. Ce dernier le reconnaît avec humour, quand il dit à son entourage : « Il est vraiment plus fort que moi. Si j'avais investi l'argent que j'ai gagné en titres LVMH, je serais beaucoup plus riche… » Les deux milliardaires ont pourtant commencé leur parcours presque au même moment, au début des années 1980, empruntant des voies très parallèles, sans quasiment jamais se croiser :

on ne leur connaît qu'un seul investissement commun, avant Lagardère : la chaîne musicale Mezzo rachetée à 50/50 par *Les Échos* (propriété de LVMH) et Canal+, en juillet 2019. Mais pour le reste, quelles similitudes !

Voici deux entrepreneurs qui sont en même temps héritiers ; qui ont formidablement développé ce qu'ils ont reçu, même si l'immobilier de Férinel était en bien meilleur état que les papiers de Bolloré ; qui ont repéré, chacun de leur côté, une belle endormie (Dior, au sein de l'empire Boussac, pour Arnault, et la banque Rivaud pour Bolloré) ; qui ont suivi les conseils du même parrain dans l'establishment parisien - Antoine Bernheim - pour financer leur montée en puissance ; qui ont assuré la construction de leur empire grâce un cocktail très inhabituel d'agressivité entrepreneuriale et d'aptitude à se nourrir des nouveaux instruments des marchés financiers ; qui ont connu leurs échecs et leurs plus-values (Gucci côté Arnault et Bouygues pour Bolloré) ; qui ont changé de siècle sans oublier de manier l'hostilité (Hermès et Havas l'ont appris à leurs dépens) ; qui pratiquent l'ingénierie financière avec une incroyable dextérité - Arnault fera passer sa part du capital de LVMH de 38 à 46 % en un jour, écrasant la holding Christian Dior, quand Bolloré atteindra 27 % dans Vivendi, grâce notamment aux milliards hérités de l'opportune fusion du groupe de communication avec Havas ; et qui, enfin, partagent une même ambition dynastique, une volonté farouche d'inscrire ce choix résolument familial dans le temps. C'est d'ailleurs la défense du capitalisme familial qui est à l'origine de leur présence conjointe au capital de Lagardère, et la cause potentielle d'une collision...

Comment deux entrepreneurs à la mentalité aussi proche, même si leur ombre portée sur le business mondial n'a rien à voir, vont-ils se sortir de ce face-à-face imprévu ? « Il faut être gentil avec les riches », dit toujours Bolloré à ses proches, quand il va négocier l'avenir de Lagardère seul à seul avec Bernard Arnault, au siège de LVMH. « La relation doit être mise dans le contexte de l'OPA, exceptionnellement longue, de Bolloré sur Lagardère, dit-on plus sérieusement chez Arnault. Celle-ci prendra fin le 15 décembre 2022, ne l'oubliez pas. Et nous n'avons pas renoncé à récupérer quelques beaux titres de presse comme *Match* et *Le Journal du dimanche.* » Peut-être une monnaie d'échange contre la promesse d'apporter à l'OPA les 10 % de titres Lagardère que conserve Bernard Arnault... Vincent Bolloré n'y serait pas fondamentalement hostile, même si ses équipes aimeraient bien doter Prisma Média du « seul hebdomadaire français connu dans le monde entier ».

Comment expliquer ce soudain détachement ? Le dîner à l'Élysée aurait-il eu plus d'effet qu'anticipé sur les ambitions du *tycoon* incontrôlable ? En réalité, Bolloré est surtout attiré, dans l'empire Lagardère, par Hachette, avec la perspective d'en faire un leader mondial, et Europe 1, pour ses synergies avec CNews. Et son intérêt pour la presse papier a considérablement diminué depuis cette saillie, quand il se proclamait « la voiture-balai des journaux en difficulté ». Lointaine est l'époque où tout patron de rédaction à la recherche d'actionnaire franchissait la Seine pour monter au dix-septième étage de la tour Bolloré, à Puteaux, ou prenait son petit déjeuner avec Vincent au Plaza Athénée. Serge July *(Libération)*, Denis Jeambar *(L'Express)*, Maurice Szafran *(Marianne)* ont tous suivi l'itinéraire au début des années 2000. Le premier a rompu au moment où Bolloré lui a fait passer une liste des entreprises « amies ou partenaires » au sujet desquelles il aurait fallu que *Libé* retienne sa plume. Le second a freiné des quatre fers après une rencontre de la société des rédacteurs de *L'Express* avec l'apprenti *media mogul* qui ne s'était pas caché derrière son petit doigt en détaillant son mode d'intervention : « J'achète, j'investis, je développe et je regarde tout, y compris la ligne éditoriale. » Poussant même le schéma jusqu'à la caricature : « Et si je vous demande de mettre mon chien en une de *L'Express*, vous mettrez mon chien en couverture… » Il faut dire qu'il pouvait s'offrir une provocation à moindres frais, certain qu'il avait perdu la partie : « Nous avions fait une offre à 40 millions d'euros, bien loin des 100 millions proposés par Patrick Drahi. » Le seul qui a cru longtemps que Bolloré serait son actionnaire, c'est Szafran. « Je te présente mon associé », avait même lancé Bolloré à Michel Drucker, croisant le patron de *Marianne* au restaurant Marius et Jeannette, avenue George-V, à Paris. Et puis plus rien… La négociation s'est perdue dans les limbes des rendez-vous reportés et des coups de fil sans réponse. Une spécialité de l'entrepreneur, que ses proches défendent ainsi : « Il est si poli qu'il répugne à dire non. » Sauf à ses collaborateurs, bien entendu...

Il ne dira pourtant pas non quand Arnaud de Puyfontaine lui proposera, fin 2020, l'acquisition de Prisma Média, la branche magazine française de Bertelsmann. Vendeur prestigieux, et prix modique (une grosse centaine de millions d'euros) pour un des rares groupes de presse rentables, avec sa vingtaine de titres bien implantés dans les kiosques *(Femme actuelle, Télé-Loisirs, Gala, Géo, Capital...)*, et dont la conversion au numérique est bien entamée. Cela n'empêchera pas Vincent Bolloré de se montrer toujours aussi parcimonieux quant à l'indépendance des journalistes : Vivendi a jusqu'ici refusé de signer la « charte de déontologie » réclamée par les salariés de Prisma Média à leur nouvel actionnaire.

Beaucoup plus coûteux - 265 millions d'euros - avait été, en 2015, le rachat de DailyMotion à Orange. Est-ce le sentiment de s'être fait forcer la main par un certain Emmanuel Macron, alors ministre de l'Économie, qui avait bloqué la vente du concurrent lilliputien de YouTube à un acteur chinois ? Mais Vincent Bolloré, une fois la transaction réalisée, n'avait pas à se forcer pour pratiquer l'autodérision : « Vous connaissez l'histoire de l'éléphant [YouTube] et de la souris [DailyMotion] dans la savane, quand la souris regarde derrière eux et lui dit "Qu'est-ce qu'on fait comme poussière !" » Depuis, les financiers de Vivendi rient jaune : les pertes annuelles de DailyMotion (75 millions d'euros) ont triplé, et continuent de dépasser le chiffre d'affaires ; du coup, le site est remisé dans le rubrique « Nouvelles initiatives » du rapport annuel de Vivendi. Autrement dit, là où on ne sait pas le ranger...

« Je veux laisser Vivendi d'équerre pour ma succession », ne manque jamais de rappeler Vincent Bolloré au cours de l'année 2021, avant le grand départ. « Au fond, être entrepreneur c'est être optimiste sur la capacité des hommes et des femmes à bâtir et à reconstruire encore et toujours, conclut à l'automne de sa vie professionnelle Vincent Bolloré, à la fin de l'article qu'il a écrit pour le *Dictionnaire amoureux de l'entreprise et des entrepreneurs* (Plon), paru opportunément cent jours avant la date du 17 février 2022. Les Américains citent souvent cette phrase : « *We try, we fail, we fix* »... Il faut entreprendre – il faut poursuivre malgré les épreuves imprévues auxquelles on s'adaptera bien. Il en est de même pour la transmission : il faut l'organiser et penser que, de toutes les façons, l'entreprise saura continuer et s'adapter à notre monde qui bouge. »

Vivendi, délesté de son plus bel actif dans la musique, s'appuiera donc sur deux branches : l'édition, avec une ambition mondiale pour Hachette-Editis ; et les contenus audiovisuels, où Maxime Saada a pour mission de viser les 30 millions d'abonnés. « Le couple Arnaud de Puyfontaine-Yannick Bolloré est taillé pour ce double objectif, en sachant que Vincent gardera toujours les yeux sur Canal, qui lui tient particulièrement à cœur », assure un proche. Il reste bien les télécom en Italie (voir chapitre VII), et les jeux vidéo, toujours en devenir. Vincent Bolloré n'a donc qu'imparfaitement achevé le tableau de Vivendi promis en 2016, quand il confiait au sceptique *Financial Times* se sentir « comme un peintre. Vous pouvez ne pas savoir à quoi va servir cette tache de bleu ou cette touche de marron, mais à la fin cela va faire une peinture pertinente ». Le dernier coup de pinceau viendra avec la réponse à la question à 8 milliards : que va faire l'actionnaire Bolloré de la manne reçue avec l'exfiltration d'Universal Music Group par Vivendi ?

« Disposer de 18 % d'UMG, c'est un actif très liquide, rappelle un banquier d'affaires qui a croisé Vincent Bolloré. Que peut-il faire s'il le transforme en cash ? Pour moi, dans l'univers très raréfié des médias français - le terrain de jeu favori de Vincent, voyez Lagardère -, il n'y a qu'une option, c'est Publicis. Cela a du sens, c'est dans les moyens de Vivendi, et en apportant Havas, cela a un petit côté "on récupère l'Alsace et la Lorraine" pour en faire un leader mondial qui plairait bien à notre patron cocardier. » Cela a tellement de sens que l'hypothèse avait été émise secrètement par... Bolloré lui-même, fin 2020, avant l'opération de cotation séparée d'UMG, et alors que Publicis valait à peine 10 milliards. « Vincent y a renoncé parce que nous n'avions pas le management pour gérer un tel rapprochement, révèle un intime. Et puis Yannick et Arthur [Sadoun, le président du directoire de Publicis], cela ne fonctionne pas vraiment ensemble. » Oublions donc Publicis, qui, dans l'intervalle, a cravaché en Bourse, et vaut désormais 15 milliards.

Une autre option pourrait être de parier sur le business des boutiques d'aéroport, le deuxième pilier de Lagardère, qui ne semblait intéresser personne malgré plus de 4 milliards d'euros de chiffre d'affaires ! « Après tout, on y vend des livres et de la presse », feint-on de découvrir. Voilà une « circonstance » qui pourrait déclencher une « action », pour reprendre les éléments de langage maison. Mais le schéma le plus probable semble être de lancer une OPA sur les 70 % de Vivendi que le groupe Bolloré n'a pas, et de retirer le conglomérat de la cote. C'est en tout cas l'hypothèse défendue par la banque Oddo BHF, et c'est une pratique très à la mode : les entrepreneurs Xavier Niel et Patrick Drahi viennent de le faire pour Iliad et Altice. Et, en plus, cela coûte... 8 milliards, exactement ce que Bolloré vient d'encaisser avec UMG.

« Vincent sera toujours plus à l'aise avec 100 % du capital, estime un ami. Et cela correspond à sa logique : son seul véritable *drive,* c'est la famille. » Comme le confirme Claude Bébéar, son confident le plus proche dans le business, « l'obsession de Vincent, c'est de reconstituer un groupe familial pour le transmettre ». Et de le protéger : car ce schéma aurait l'avantage de bâtir des remparts autour de la construction défendue par Yannick dans *Le Figaro,* celle d'un groupe où « la gouvernance est équilibrée. Arnaud de Puyfontaine, président du directoire, dirige les opérations. En tant que président du conseil de surveillance, je valide les grandes orientations stratégiques, et Vincent Bolloré, en tant que premier actionnaire, apporte son expertise sur les grands dossiers et sur l'ingénierie financière. Ce trio fonctionne à merveille, et je souhaite qu'il perdure au-delà de 2022. » Manière subliminale de dire, aussi, que, quitte à avoir un actionnaire sur le dos, il préfère avoir son père que son frère...

IV

Le Breton

Vincent sur des palettes - Le manoir d'Ergué-Gabéric - Deux cents ans d'histoire - Les cathos sociaux bretons - L'oncle Gwenn-Aël - La visite des présidents - Où est passée la Bluecar ? - Comment Saint-Tropez a gagné

« Notre groupe est comme une brocante, tout est à vendre, galèje parfois Vincent Bolloré, non sans ajouter dans la foulée : Tout, sauf la Bretagne. » Et plus sérieusement, quand l'homme d'affaires entrepreneur s'est fendu d'un long message à ses salariés, à l'occasion du très symbolique 1er janvier 2000, il l'a bien martelé : « Je souhaite que notre groupe ne perde pas ses racines. Il a été créé il y a cent soixante-dix-huit ans à Ergué-Gabéric. Il doit y garder son siège, et veiller à ce que ses activités bretonnes soient toujours à la pointe du progrès technique et social. Plus le groupe s'internationalise, plus il doit garder des racines fortes. » Quelques mois plus tôt, Bolloré avait d'ailleurs enregistré une séquence du journal de 20 heures de France 2 depuis ses usines bretonnes, qui employaient près de cinq cents personnes.

Certes l'époque n'était plus où les Papeteries Bolloré prospéraient grâce à leur spécialité de papier bible pour les missels et les volumes de La Pléiade de l'ami Claude Gallimard, sans oublier le papier à cigarette qui a fait la fortune de la famille. Au tournant du siècle, l'essentiel des effectifs travaillait dans deux usines qui déroulaient du film plastique, héritage du papier mince pour condensateur. Mais déjà des équipes se concentraient sur ce qui devait devenir la pépite du groupe : le stockage d'électricité, grâce notamment à une batterie « solide » reconnue comme « la technologie la plus prometteuse » dans le langage officiel maison. Et c'est d'Ergué-Gabéric que sortira, en 2006, le premier prototype de la Bluecar, un véhicule électrique équipé de cette batterie révolutionnaire. « À la pointe du progrès technique », a promis le patron. Mais faut-il pour autant accoler au mot « patron », le qualificatif « breton », comme la presse s'y risque facilement ?

« À l'origine, bien sûr, l'affaire est bretonne, et les Papeteries ont même été un temps, au siècle dernier, le plus gros employeur de Bretagne, précise le « Breton bretonnant » Jean Bothorel, biographe de la famille. Mais Vincent est né à Boulogne, a vécu une jeunesse dorée dans l'hôtel particulier de ses parents, avenue du Maréchal-Maunoury, dans le XVIe arrondissement, a été à l'école à Gerson comme son père, et au lycée Janson-de-Sailly, toujours dans le XVIe. Et à 17-18 ans, il ne passait déjà plus ses vacances dans les villas familiales de Beg-Meil. Il était trop snob et play-boy pour cela. » Un play-boy rayonnant dans les soirées de l'Ouest parisien, mais qui prend pourtant une voie iconoclaste après son bac. À une époque post-soixante-huitarde, où les enfants de bonne famille se prélassaient davantage sur les terrains de sport des premiers campus des grandes écoles que dans leurs amphis, Bolloré choisit de travailler très jeune... dans la banque. Journées à la Banque de l'Union européenne, puis à la Compagnie financière Edmond de Rothschild, sur recommandation de son père. Et cours du soir à l'université de Nanterre, où il décrochera un DESS de droit.

La Bretagne est d'autant plus lointaine que Vincent s'est marié en 1977 - à 25 ans - avec Sophie Fossorier, l'une des petites-filles de Robert Fossorier, l'inamovible maire de Deauville, qui a attaché tout son clan en Normandie. Surtout, Fossorier est directeur général de la Scac (Société commerciale d'affrètements et de combustibles), spécialisée dans la logistique portuaire en Afrique. Et c'est ce continent, découvert pendant les déjeuners avec la belle-famille - le beau-père, François, est également à la tête d'une filiale de la Scac -, qui va porter très vite les ambitions de Bolloré. Les exergues de la page sur « l'histoire du Groupe », dans le dernier rapport annuel de Bolloré ne laissent pas de doute : « L'entreprise familiale spécialisée dans la fabrication de papiers fins a été reprise par Vincent Bolloré au début des années 1980 » ; elle va connaître deux diversifications, « à partir de 1985 dans le transport et la logistique », et « à partir de 2004 dans les médias et la communication ».

Même s'il n'y a aujourd'hui que quelques six cents employés à Ergué-Gabéric, sur les soixante-dix-neuf mille collaborateurs du conglomérat, Vivendi compris, la Bretagne peuple son imaginaire et fait office de vitrine marketing. Parfois, les références sont guerrières, comme lors de comité d'entreprise d'anthologie de septembre 2015, en pleine conquête de Canal+, quand Vincent Bolloré lance, pour faire part de sa détermination : « Les Bolloré étaient de hardis marins bretons qui défendaient les embouchures des rivières contre les invasions des pirates anglais et espagnols » ; parfois, la communication prend des tours plus subtils, chaque veille de Noël par exemple, quand le patron fait parvenir à ses relations parisiennes une bourriche malicieusement composée de cidre de La Forêt-Fouesnant, de pâtés Hénaff (mis en conserve à Pouldreuzic), de boîtes de sardines La Belle-Îloise, sans oublier les sablés de Pont-Aven, les fameux Traou Mad (« bonnes choses » en breton), façon de rappeler que toute production finistérienne ne saurait mentir.

Avec les années qui passent, ce rappel subliminal suffira, et dispensera « le patron breton » d'un aller-retour dans la journée à l'aéroport de Quimper pour venir sur place faire l'article. D'ailleurs, la dernière fois qu'il a raconté comment « à 4 ans, [il] courai[t] à l'usine chercher des bobines de papier pour dessiner », c'était depuis le sommet de la tour Bolloré, à Puteaux. Bien sûr, le déplacement est toujours de mise dans les grands moments, notamment quand les hautes autorités de la

République atterrissent au bord de l'Odet, témoignant de l'entregent de l'entrepreneur.

À l'occasion de l'inauguration d'une nouvelle unité de film plastique, en octobre 1985, ce fut François Mitterrand qui gratifia Bolloré d'un « Comment allez-vous ? Je vous ai connu tout petit ». Le président socialiste avait, lui aussi, fréquenté l'hôtel particulier de l'avenue du Maréchal-Maunoury. Son lointain successeur, François Hollande, quasi-contemporain de l'héritier Bolloré, a fait aussi le voyage en septembre 2013 pour l'ouverture de l'usine Blue Solutions, à l'instigation de l'ex-député et maire PS de Quimper, Bernard Poignant, soutien de toujours du groupe né en Bretagne. Et comme le même Poignant a parfaitement le sens du vent, il a eu la bonne idée de faire venir à Ergué-Gabéric le futur président Emmanuel Macron, qui y a inauguré en janvier 2016 la ligne d'assemblage des bus électriques Bluebus. Quelques mois plus tard, le ministre de l'Économie se portait candidat à l'Élysée, et Bernard Poignant, qui y était déjà installé comme conseiller, allait larguer les amarres et quitter François Hollande pour rejoindre En Marche !

Formellement, Vincent Bolloré ne perd jamais une occasion de marquer son attachement à la terre de ses ancêtres. Le siège juridique de la société Bolloré se trouve effectivement à Ergué-Gabéric, les noms de ses holdings de contrôle sentent bon le Finistère (Compagnie d'Odet, Financière de Hoëdic, Compagnie des Glénans, Financière Penfret...), et toutes publient leurs annonces légales dans *Le Progrès des Cornouailles*, célèbre hebdomadaire de Quimper… Et quand l'ex-journaliste Yannick Le Bourdonnec, natif de Carhaix et créateur des Dîners celtiques, lui propose d'être l'invité d'honneur d'une de ces soirées qui rassemblent quatre fois par an les patrons bretons, Vincent Bolloré lui répond immédiatement : « Volontiers, mais c'est moi qui vous invite ! » Et la tour Bolloré a donc accueilli fastueusement les deux cents membres du club pour un grand moment de convivialité bretonne…

Familialement, l'entrepreneur ne manque pas davantage à ses devoirs quand il faut donner un coup de main aux cousins bretons moins bien lotis, et pas seulement pour s'assurer du contrôle de Bolloré. Il leur a ainsi racheté l'île du Loc'h, la plus vaste de l'archipel des Glénans pour 3 millions d'euros en 2010. Et il a soulagé son oncle Gwenn-Aël, le héros du Commando Kieffer, qui a mieux réussi comme éditeur à La Table ronde que comme directeur de Bolloré, en reprenant et restaurant le manoir d'Odet, bâti en 1922 pour le centenaire des Papeteries, et habité jusqu'à sa mort par le héros de la famille. Il s'est aussi fendu d'une – courte – préface pour lancer le récit de son oncle *J'ai débarqué le 6 juin 44* (Cherche midi) avec ces mots gentiment naïfs : *« Tonton Gwen, personnage passionnant, océanographe, éditeur, industriel, m'a souvent raconté ses souvenirs de ce moment historique. Ce livre permet à tous de découvrir la réalité de ce qu'il a vécu. »*

Mais financièrement parlant, Vincent marchande parfois un peu trop son attachement. C'est *Ouest-France* qui le découvrira « quand, souhaitant se défaire de son hebdomadaire en péril *La Bretagne à Paris*, Bolloré promet de distraire un peu de son temps et de son argent pour étudier le dossier », et puis passera à autre chose. Le constat est pourtant fait dans le très élogieux portrait du *Nouvel Économiste* couronnant en 1987 son prix du Manager de l'année. Même sourire coincé chez un autre fan, l'ami Bothorel, plus proche de l'oncle éditeur que de l'entrepreneur : « Gwen s'était rallié à l'association bretonne qui avait créé le prix littéraire Bretagne en 1961 et Vincent en est le mécène depuis l'année 2000. Rebaptisé Prix Breizh, il est aujourd'hui remis sur la terrasse de Vivendi, ou dans la grande salle à manger, en face de l'Arc de Triomphe. Pour cause de Covid, les deux derniers lauréats - J.M.G. Le Clézio et Claire Léost - ont été fêtés ensemble, en novembre 2021. Vincent Bolloré était bien présent, charmant avec tout le monde, mais n'a pas pris la parole, laissant son fils Cyrille à la manœuvre. Et la cérémonie est restée confidentielle... comme la dotation, de 6 500 euros. » Et de glisser que l'autre milliardaire « breton », François Pinault, subventionne son Prix Novembre à hauteur de 50 000 euros ! Où va se nicher la concurrence entre ces deux étonnants entrepreneurs, que Jean Bothorel a tous les deux confessés, et dont il sait qu'ils ne s'apprécient guère...

Si Pinault n'a jamais failli sur les investissements emblématiques - comme son indéfectible soutien au Stade rennais, le club de foot qui a égayé son adolescence rude dans un pensionnat catholique de Rennes -, Bolloré n'a pas mégoté quand des emplois étaient en jeu. D'abord en 1981, quand il tente, avec son frère aîné, Michel-Yves, déjà en poste dans la Papeterie, de la sauver alors qu'elle est en perdition. Acte fondateur et incroyable pari, il débarque le 6 février et, juché sur des palettes, harangue les ouvriers qui avaient perdu l'habitude de voir des Bolloré venir au contact. Le formidable pouvoir de séduction de Vincent fait alors son effet à Ergué-Gabéric : le plus jeune des Bolloré en profite pour exiger le poste de PDG, à la barbe de son frère, Michel-Yves. Et si les deux hommes se battront ensemble pour tenter de retourner les banquiers cherchant à se défiler, dans cet art de la négociation c'est l'ancien jeune banquier qui excelle : rompu à la lecture des bilans des entreprises en difficulté, prompt à déceler dans l'œil de l'investisseur ce qui rassure, et surtout ce qui fait peur, il est déjà l'âme de la reconquête.

Malgré tous leurs efforts, l'entreprise essuie toujours des pertes. Il faut retourner face aux salariés, en 1983, avec la deuxième scène-culte de la mythologie de l'entrepreneur : il leur propose un « concordat social » comprenant des baisses de 15 % sur les feuilles de paye : « Si nous réussissons, je vous donne ma parole que vos pertes de salaire seront aussitôt comblées, et mieux encore », promet un Bolloré acculé. Nous remonterons la pente tous ensemble, nous progresserons tous ensemble ou nous serons tous cuits ensemble. » En réalité, le salaire horaire n'a pas bougé, mais le temps de travail dans les usines a été réduit à 32 heures, les horaires ont été flexibilisés, et les salaires bloqués. À une époque où l'inflation était encore à deux chiffres, avant que la « rigueur » du ministre Jacques Delors ne fasse son œuvre, le sacrifice des ouvriers était conséquent, et le langage du patron détonnant.

Deux ans plus tard, troisième acte, beaucoup moins connu mais tout aussi symbolique. Les efforts de rationalisation et de commercialisation des frères ont fini par payer, Bolloré est devenu Bolloré Technologies afin de capitaliser sur les acquis du film polypropylène pour condensateur électrique, et surtout une hausse providentielle du dollar (+ 65 % entre 1981 et 1985) booste les revenus de ce marché global, facturé en monnaie américaine. On gagne enfin de l'argent à Ergué-Gabéric, et les salaires remontent, conformément aux engagements du « concordat ». Des résultats cependant insuffisants pour sauver l'usine historique d'Odet, d'où ne sort plus aucun papier mince. « Et là, j'ai vu comment Vincent a pris une décision très courageuse, et très sociale, témoigne Jean-Guy Le Floch, actuel propriétaire de la firme bretonne de vêtements Armor-Lux, recruté en voisin, par petite annonce dans *Ouest-France*, et premier dirigeant du groupe venu de l'extérieur. Même s'il est plus œcuménique que moi en matière de territoire, il a voulu absolument sauvegarder tous les emplois par respect pour ces ouvriers qui avaient travaillé avec sa famille au long des années. Et il a investi des fonds importants dans la technologie des films plastiques pour l'emballage alimentaire, que nous ne possédions pas. »

Même si ce pari s'est révélé économiquement judicieux - Bolloré figure toujours trente-cinq ans plus tard parmi les trois premiers mondiaux du film d'emballage –, il s'inscrit totalement dans la tradition familiale. Comme l'écrit Vincent, l'un des multiples auteurs du *Dictionnaire amoureux de l'entreprise et des entrepreneurs*, « mon père m'avait longuement préparé à cette transmission industrielle en me racontant l'histoire de l'entreprise, ses moments de peine, ses succès. Il m'avait aussi fait prendre conscience de la responsabilité sociale que j'allais endosser. En ce temps-là, c'était plus facile : la maison familiale était collée aux usines dans notre petite commune de Bretagne près de Quimper. Depuis mon enfance quand j'y étais, je voyais les ouvriers, j'entendais le bruit des machines. Ce n'étaient pas des images virtuelles ou des échanges par mails ou SMS mais des gens bien vivants à côté de nous ».

Cette « responsabilité sociale » vient de loin, de ses ancêtres bretons, si férus de la doctrine sociale de l'Église. « Monsieur Bolloré s'attache à promouvoir le bien des ouvriers et à leur faire toucher du doigt que, dans une industrie, patrons et salariés ont des intérêts communs », complimentait déjà un certain abbé André-Fouet, lors du jubilé des Papeteries, le 17 février 1922. Le « monsieur Bolloré » en question est le grand-père de Vincent, deuxième René du nom, et il conclura ainsi son discours devant la foule des ouvriers, après la remise des médailles du travail : « Je termine en souhaitant que mes enfants travaillent avec vos enfants, dans la même union qui fait vivre la famille d'Odet. Je bois à la santé de tous. Vive les ouvriers d'Odet. La journée aujourd'hui sera payée comme si vous aviez travaillé. »

Cent ans plus tard, le 17 février 2022, Vincent Bolloré sera au rendez-vous d'Ergué-Gabéric fixé depuis des lustres pour le deuxième centenaire. Le manoir d'Odet a été rénové il y a plusieurs années en vue de la cérémonie : « Le modèle, c'est la transmission à la septième génération », avait rappelé l'entrepreneur, comme une vieille rengaine, en prenant livraison des travaux. Dix ans plus tôt, le 19 juin 2007, toujours au manoir, il avait organisé une réception où une centaine de *people* bretons (Patrick Poivre d'Arvor, Alan Stivell...) étaient chargés de faire oublier le faux pas du prêt du *Paloma* à Nicolas Sarkozy au lendemain de son élection. Il avait alors martelé : « Le groupe ne m'appartient pas, il n'appartient pas aux Bolloré, il appartient à la région de Quimper. »

Pourtant, depuis cette profession de foi, les marques d'attachement à la Bretagne se sont espacées, et Vincent n'a pas cherché à les consolider au sein du Club des Trente, le cercle des patrons bretons dont le toujours jeune Louis Le Duff (75 ans), le fondateur de « La Brioche dorée », tire encore les ficelles. Il faut dire que dans cet aréopage d'entrepreneurs d'extraction souvent modeste - Le Duff était par exemple fils de maraîchers du Finistère - et qui ont construit leur aventure dans les Trente Glorieuses, Bolloré faisait plutôt figure d'héritier, fût-il remuant, d'une des seules dynasties industrielles de Bretagne. Par contre Vincent, conseillé par le fidèle député du cru Bernard Poignant, n'a pas hésité à s'afficher à Ergué-Gabéric en recevant sur ses terres bretonnes trois présidents de la République, en poste ou en devenir pour y inaugurer à chaque fois une usine.

Alors comment se fait-il, après ces trois visites protocolaires, après ces trois nouvelles unités dont pourrait s'enorgueillir tout entrepreneur, tant elles sont porteuses d'encouragements et d'investissements, qu'à peine six cents personnes travaillent pour le groupe aujourd'hui dans la pointe bretonne ? Cet étonnant paradoxe tient en quatre mots : « La page est tournée », comme le résume un porte-parole officiel. Pas la page de la Bretagne évidemment - ce serait trop fort, et contraire à la réalité -, mais la page de la Bluecar, la voiture électrique qui a fait fantasmer tout le monde dans le Finistère, à commencer par Vincent Bolloré.

Car l'homme d'affaires a affiché très tôt une approche visionnaire, près de quinze ans avant Elon Musk et sa Tesla. Mais à l'inverse du génie californien, qui a inventé une voiture autour d'une collection de batteries empilées très proches de celles d'un téléphone portable, Bolloré veut imposer une vraie rupture technologique, héritée de la connaissance historique des condensateurs : la batterie Bolloré sera une batterie « sèche », dite lithium métal polymère (LMP), alors que toutes les autres batteries (lithium-ion) sont « liquides », et sujettes aux départs de feu. Ce sévère inconvénient de la technologie liquide avait d'ailleurs contraint Boeing à clouer au sol ses avions Dreamliner peu après leur lancement...

Commence alors une formidable fuite devant les investissements : 200 millions d'euros déjà engagés avant l'an 2000, bien davantage après. Vincent Bolloré évoque le chiffre de 1 milliard en 2009. « Cela avait surpris tout le monde, se souviendra le pionnier, en février 2013, à la conférence de presse de lancement de la Bluecar... au cinéma Mac-Mahon, petite étoile dans sa galaxie. Finalement j'aurai investi non pas 1 milliard, mais 2, et j'en suis très heureux. Oui, parce qu'on a pu prouver sa robustesse et que tout fonctionne. » Et effectivement tout fonctionne quand, sept mois plus tard, François Hollande vient en Bretagne inaugurer l'usine Blue Solutions. Bolloré prend quand même les précautions d'usage : « Nous ne sommes pas sûrs de réussir. » Depuis cette date en effet, le projet va vivre deux trajectoires parfaitement contradictoires.

Du côté des constructeurs automobiles, quand cela devrait être la ruée à Ergué-Gabéric - Carlos Ghosn a par exemple lancé la première grande offensive de Renault-Nissan dans l'électrique dès 2010 -, c'est au contraire le calme plat. Bolloré se défausse dans *Challenges* : « Tous les constructeurs ont demandé à tester ma batterie. J'ai refusé. Sous-traitant automobile, ça ne gagne pas d'argent. Mon hypothèse est plus souverainiste. » Têtu comme un vrai Breton, pourraient dire les mauvaises langues ! Patrick Pouyanné, le PDG de TotalEnergies, récemment converti aux batteries, l'exprime autrement, avec la simplicité et la rationalité de l'ingénieur des Mines : « Cela ne marche pas son truc. Si vous avez raison tout seul, c'est que vous avez tort. »

Pourtant l'autre tendance fondamentale de l'automobile - l'autopartage - pouvait, elle, laisser croire à un eldorado. Et d'ailleurs c'est au départ un feu d'artifice pour les Bluecar : dans la foulée du lancement d'Autolib' avec la Mairie de Paris fin 2011, Lyon, Londres, Turin, Indianapolis, Los Angeles, Singapour, etc., se convertissent successivement aux flottes de Blue Solutions, même si les villes ne commandent pas, comme le fait Paris, des milliers de voitures. L'aîné des enfants, Sébastien, « la tête chercheuse du groupe », s'installe en Californie, avec pour objectif une veille discrète sur les premiers tâtonnements d'Elon Musk. L'excitation est telle que Bolloré, toujours opportuniste, introduit sur le marché sa filiale Blue Solutions en 2014. A-t-il rêvé de le faire au Nasdaq, comme Tesla, qui vaut déjà 20 milliards de dollars à la Bourse de la tech américaine ? L'homme d'affaires est trop cocardier pour avoir pris ce risque, et comme il se refuse à payer un banquier pour l'assister, celui-ci n'a pu lui instiller dans le cerveau le merveilleux poison. Heureusement...

Car à Paris Autolib' se révèle surtout un gouffre financier : près de 300 millions de pertes programmés sur les dix années de la concession, révèle Vincent Bolloré en 2018 (qui a capé la sienne contractuellement à 60 millions). Prévoyant, le groupe avait annoncé un an plus tôt qu'il retirait Blue Solutions de la cote, sans préjudice pour les actionnaires. À l'usine d'Ergué-Gabéric, surdimensionnée, c'est la déception : adieu veau, vache, cochon... et batteries. « Elles ne sont pas adaptées aux voitures particulières », finit par reconnaître Cyrille Bolloré, en charge des activités bretonnes en plus de sa responsabilité mondiale sur la branche transport et logistique. Explication : pour être efficaces, les batteries LMP doivent en effet être maintenues à une température de 70 degrés Celsius, donc être utilisées constamment, sur des lignes de transport en commun par exemple. Raison pour laquelle la filiale Blue Solutions se concentre désormais avec succès sur la production d'autobus électriques - deux cent cinquante unités ont été commandées par la RATP - et attend les premiers dividendes d'un accord avec Daimler qui offre la solution LMP sur ses bus en Amérique latine.

« Nous investissons toujours dans la batterie », peut donc avancer Cyrille à l'assemblée générale de Bolloré du 26 mai 2021. Mais le nouveau PDG ne manque pas de préciser aux actionnaires que les pertes annuelles de l'activité « stockage d'électricité » vont passer de 400 à 100 millions d'euros. Comme si le fils avait fini par convaincre le père de calmer ses ardeurs. Et lui faire oublier sa pirouette préférée pour justifier les milliards investis dans les batteries : « Si on réussit, on sera très riches. Si on rate, on sera très riches aussi, car on arrêtera de dépenser des centaines de millions par an. »

Orpheline de la Bluecar, la Bretagne est surtout orpheline des Bolloré. Mais ce n'est pas nouveau. Accaparé par Vivendi qu'il a conquis dès 2014, Vincent ne retourne qu'occasionnellement à Ergué-Gabéric. En dehors des grandes marées, pour aller à la pêche à la crevette, une passion qui lui reste, il n'a plus remis les pieds à Beg-Meil. Son ex-femme, Sophie, aussi peu bretonne que normande, malgré les attaches à Deauville de son grand-père, a initié Vincent au soleil de la Méditerranée.

À Saint-Tropez, elle retrouve sa sœur, Brigitte, et son beau-frère, Gérard Longuet, dont la construction de la maison a fait couler tant d'encre, avant de déboucher sur une relaxe.

Tous les cousins se retrouvent chaque été en face de la baie des Canoubiers. Dans ce refuge, à un jet de pierre de la résidence Les Parcs, qui abrite les « *rich and famous* » – Bernard Arnault, Francis Holder (les boulangeries Paul), Lakshmi Mittal, Mohamed Al-Fayed (Harrods)... –, Vincent Bolloré a essaimé : autour de La Pêcherie, sa première villa au bord de l'eau, à côté d'un garage à bateau un peu rouillé où sont rangés les dériveurs, il a mis la main sur tous les terrains disponibles pour que chacun de ses enfants dispose de son indépendance. Au milieu de ce village Bolloré, un tennis : « Je me fais battre à plate couture par mes trois fils », reconnaissait en rigolant le patriarche dans une rare interview accordée en 1999 à *Paris Match*, au bord de sa piscine, avant d'embarquer toute la famille pour une croisière en Méditerranée sur son bateau. « C'est un yacht de 40 mètres construit en 1948, rappel de la tradition maritime de la famille, qui a gagné une médaille d'or aux jeux Olympiques, en 1912, à Stockholm », poursuivait-il, sans préciser qu'il s'agissait de l'*Albacora of Tortola*, que les fans de Saint-Tropez et de Louis de Funès ont pu apercevoir dans le fameux film de Jean Girault *Le Gendarme et les Gendarmettes*...

Aujourd'hui, père, enfants et petits-enfants embarquent sur le *Paloma* et, malgré ses 65 mètres et ses dix-sept hommes d'équipage, se contentent d'aller déjeuner en face des deux domaines viticoles rachetés par le groupe en 2001, de l'autre côté de la plage de Pampelonne. Du moins quand le yacht avait encore l'autorisation de mouiller dans la baie des Canoubiers, et devant la réserve naturelle, où se trouvent les domaines de La Croix et de La Bastide blanche. Car les bateaux de plus de 24 mètres en sont bannis depuis un arrêté préfectoral de 2020. Selon la rumeur, face à ce coup du sort, le *tycoon* aurait réagi d'un coup de sang : le *Paloma* aurait été mis sur le marché. « Dans notre brocante, tout est à vendre. Sauf la Bretagne ! »

V

Le flibustier

Bolloré « sur la banquette arrière » – Le joueur de poker de Lagardère – Les coups financiers avec Minc – Le chantage contre Bouygues – L'encerclement des Vieljeux – Le jeu de cache-cache avec l'Autorité des marchés financiers – Les milliards de Vivendi

La scène se passe à la fin des années 1990, au cours de ces dîners mensuels d'Entreprise et Cité, le club qui rassemble autour de Claude Bébéar, le fondateur d'Axa, ceux que Christophe Labarde appelle « les Grands Fauves » dans un livre qui porte ce titre (Plon, 2021). Comme l'a voulu Bébéar, les agapes se déroulent à tour de rôle chez l'un des membres, et cette fois c'est David de Rothschild qui reçoit. Il faut toute la diplomatie du grand banquier, et la magie du château Lafite Rothschild servi, pour faire oublier la bataille boursière qui se déroule entre les patrons de BNP, Paribas et Société générale, tous autour de la table. Jusqu'à ce qu'un Vincent Bolloré, toujours à la recherche d'un bon mot, provoque l'hilarité générale, en lançant : « Jusqu'à maintenant, on se contentait de manger les autres. On ne va quand même pas commencer à se dévorer entre nous ! »

Il faut dire qu'à propos d'estomac, Bolloré est largement pourvu. À cette date, en 1999, il a déjà successivement avalé la Scac, croqué Delmas-Vieljeux, rapiné le groupe Rivaud et mordu à belles dents les actifs des familles Seydoux et David-Weill... Sans parler de son raid contre Martin Bouygues, membre d'Entreprise et Cité, prémonitoire de la capacité des Grands Fauves à s'entre-dévorer. « C'est un général en mouvement permanent, avec la vision d'un Clausewitz, expert dans la guerre de positions », dit élégamment Denis Kessler, le président de Scor, proche de Bébéar, et qui observait ces années-là le champ de bataille depuis le camp retranché du conseil d'administration de Bolloré. Alain Minc, qui connaît par cœur l'homme d'affaires insatiable, mais ne le conseille plus depuis son incursion dans les médias, est plus direct : « Il a un culot d'enfer, ne répugne pas à faire la guerre, et fait preuve d'un sang-froid digne d'un chef de la mafia sicilienne. Avec l'assurance du fils de famille qui a sauté sur les genoux de Marcel Dassault et a vu Georges Pompidou à la maison. Comme quoi l'arrogance de l'aristocrate peut être utile à l'entrepreneur. »

Car dans la construction de son groupe Vincent Bolloré a théorisé cette nécessité de « conquêtes », dès lors qu'il voulait rester maître de son capital et se son destin. « Ce qu'il nous faut en France, c'est un capitalisme d'exploration, d'indépendance et de persévérance, résume-t-il dans sa très sage interview à *Paris Match,* toujours au tournant du siècle. C'est ce que nous faisons dans le groupe Bolloré, qui reste très attaché à la région qui l'a vu naître, la Bretagne, mais ne se prive pas d'être aussi efficace que le capitalisme américain en réalisant de fructueuses opérations financières. »

« L'exploration » est survenue très tôt, avec cette étonnante idée, pour un groupe ancré dans le Finistère, de racheter la Scac, qui avait prospéré sur les côtes africaines, et dont il avait entendu parler abondamment dans les déjeuners chez sa belle-famille : Robert Fossorier, le grand-père de son ex-femme, Sophie, en avait été le directeur général. L'entreprise s'était retrouvée parmi les abattis du groupe Suez, qui voulait s'en séparer. Et Bolloré l'a emporté en 1986, non sans difficulté face à deux gros poissons : l'homme d'affaires François Pinault, qui avait déjà des intérêts en Afrique avec le négoce de bois, avant de racheter la société de commerce CFAO ; et l'armateur Tristan Vieljeux, dont la famille possédait Delmas-Vieljeux, et disposait du quasi-monopole du transport maritime vers l'Afrique.

« L'indépendance », mantra de Vincent Bolloré, ne devait évidemment pas être menacée par cette opération. Or les seuls résultats de la PME Bolloré, même redressée, ne permettaient pas de signer le chèque de 250 millions de francs exigé par Suez pour la Scac. Le banquier Antoine Bernheim, véritable parrain de Vincent dans l'establishment parisien, allait donc s'employer tout à la fois à convaincre le vendeur, et à fournir des sources de financement : en inventant le système des « poulies bretonnes », cascade de holdings qui permettait de loger des fonds de partenaires acceptant de rester minoritaires ; et en couvant l'introduction en Bourse de Bolloré Technologies dès 1985.

« La persévérance » va, elle, être manifeste au long des cinq années suivantes, quand il s'agira d'encercler un Tristan Vieljeux qui n'a jamais accepté que la Scac lui échappe. Fini, l'image sympathique du « Petit Prince du cash-flow », titre inventé par le magazine *L'Entreprise*, le parcours exemplaire couronné par le prix du Manager de l'année du *Nouvel Économiste* en 1987, voici l'émergence de « Bolloré loup de mer », révélée dans *L'Express*. Le jeune entrepreneur n'est pas seulement l'héritier sauveur, le négociateur convaincant, le patron social : c'est aussi un tueur. « Tristan Vieljeux était persuadé de nous acculer à la faillite, justifiait à l'époque Bolloré. Mais nous avons contre-attaqué, en nous intéressant à son capital émietté, le point faible de la société. » Avec l'arbre généalogique de la famille protestante constamment sur son bureau, Vincent allait tous les faire tomber peu à peu, en commençant par l'héritière, Francine, mariée à un dirigeant de la compagnie viré par Tristan, jusqu'au cousin Jacques, qui ne voulait pas rester le dernier embarqué avec « le Cachalot », surnom donné par le raider à l'armateur. Fin mai 1991, Tristan Vieljeux rendait donc les armes, et la cinquantaine de bateaux de la flotte allait désormais battre pavillon Bolloré.

Delmas « cravaté », selon le langage fleuri des dîners des Grands Fauves, Bolloré va poursuivre ses conquêtes, alternant les projets industriels (Scac, Delmas, Rhin-Rhône...) et les raids financiers (Pathé, Rue Impériale...), parfois les deux (Bouygues). Il devait s'expliquer sur cette dualité en 1999, devant une commission d'enquête parlementaire, créée pour faire la lumière sur la prétendue absence d'investissements de son groupe, critiquée par les syndicats de Delmas, alors que les plus-values des opérations financières se comptaient déjà en milliards de francs : « Ce n'est pas du tout exact, s'insurgeait le patron face à la commission. Si l'on regarde ce que nous avons construit sur les six dernières années, la réponse est simple : nous avons investi en corporel plus de 4 milliards. À côté de ces investissement physiques - machines, bâtiments, usines agrandies ou créées -, nous avons investi en financier, dans des entreprises extérieures, à peu près 4 ou 5 milliards de francs. Je crois donc que ce groupe est profondément industriel. »

Bernard Ésambert, l'homme qui a imaginé auprès de Georges Pompidou la mutation industrielle de la France des années 1970, et qui s'est retrouvé vingt ans plus tard vice-président de Bolloré, le confirme : « Vincent gère et pense comme un industriel. Il a été un des premiers à parler en termes de marché mondial dans ses activités [condensateurs, logistique, transport, pétrole...]. Il ne faut donc pas le réduire à un homme de coups. » Mais il a aussi cette aptitude à détecter où est l'argent, et à le faire sortir des filiales obscures, ou insuffisamment valorisées. Hier, dans les sombres bureaux de la banque Rivaud, où il a triplé son investissement en se montrant séduisant et patient, deux qualités que personne ne peut lui contester. Aujourd'hui, avec l'incroyable valorisation d'Universal Music Group, la branche musicale de

Vivendi, qui a fait tomber dans le patrimoine de Bolloré autour de 8 milliards d'euros d'actifs.

Aucune affaire ne résume mieux la capacité de marier opportunité et temporalité que la mainmise sur Lagardère, qui s'est concrétisée fin juin 2021. Selon l'euphémisme d'un de ses lieutenants, « Les circonstances créent des actions. » Bolloré, qui file volontiers la métaphore, l'avait exprimé différemment dix ans plus tôt dans *Challenges* : « C'est une chance de pouvoir monter sur la banquette arrière des meilleurs. » Il s'agissait alors de sa première incursion dans Vivendi, quand un bout du capital du conglomérat des médias lui avait été offert en échange de ses chaînes Direct 8 et Direct Star. Avec Lagardère, c'est Nicolas Sarkozy, administrateur du groupe présidé par son « frère » Arnaud Lagardère, qui va l'installer début 2020 « sur la banquette arrière ». L'héritier Lagardère, en difficulté depuis deux ans avec le fonds Amber, qui lui cherche des noises depuis Londres, craint de perdre la majorité des votes à son assemblée générale du mois de mai suivant. Rien de mortel, car Lagardère est protégé par un rare statut de société à commandite. Mais il pourrait devoir abandonner des postes d'administrateurs jusqu'ici réservés de fait aux amis. Bolloré sent la « circonstance », et se met donc en « action » : il prend *via* Vivendi, qu'il contrôle, un ticket de 10 % de Lagardère. « Un investissement de long terme », dit Vivendi, qui ne coûte pas cher (220 millions d'euros), pour une position d'attente dans un ensemble de 7 milliards de chiffre d'affaires, présent dans l'édition (Hachette), le commerce d'aéroports (Relay) et disposant encore de quelques beaux outils d'influence dans les médias (Europe 1, *Paris Match* et *Le Journal du dimanche*). Ce soutien soudain permet à Lagardère de sauver sa majorité le jour de l'assemblée. Mais à l'heure du décompte des votes, Vivendi a déjà 16 % du capital. Et quelques semaines plus tard, c'est 12 % de plus : Bolloré est passé sur le siège avant... Il ne lui restera qu'à négocier une action de concert avec Amber, l'assurant de la quasi-majorité des parts, pour obtenir la fin de la commandite, et prendre le volant !

Un administrateur, assis aux premières loges, se veut fataliste : « Comment être surpris alors qu'il fait toujours cela ? C'est sa marque de fabrique : prendre le contrôle, sans en payer le prix. Et pourtant nous avions compris très tôt que le chevalier blanc était entré dans la maison pour choper la plus belle fille de la famille. » Les autres fortunes du capitalisme familial, venues soutenir Arnaud Lagardère par fidélité à la mémoire de son père, Jean-Luc - Bernard Arnault, Marc Ladreit de Lacharrière -, ont laissé faire. « Lacharrière a fait un aller-retour, profitant de la remontée du cours de Bourse, et il est vite apparu que Bernard Arnault n'avait pas de projet industriel justifiant d'investir chez Lagardère plusieurs centaines de millions d'euros, constatait notre administrateur, au cœur de la tourmente. Comme Vincent a su convaincre Amber d'être patient, il disposait de toutes les cartes et était toujours là, autour de la table, quand les autres joueurs avaient abattu leur jeu. Qui, dès lors, pouvait s'opposer à ce que Vivendi prenne le *lead* ? » Un banquier d'affaires, qui a décliné un mandat dans cette partie jouée d'avance, la résume avec ce tableau cocasse : « C'était Sarkozy organisant le protectorat du Maroc, avec Bolloré dans l'uniforme du maréchal Lyautey, et Arnaud Lagardère dans le rôle du Sultan ! »

La fiction ne durera pas longtemps. À peine quatre jours après une interview surréaliste d'Arnaud Lagardère début septembre 2021 dans « son » *Journal du dimanche* (« Je n'ai jamais vu la montée de Vivendi au sein du capital comme une menace ; c'est au contraire un atout »), le groupe de médias contrôlé par Vincent Bolloré annonçait une OPA sur Lagardère pour 2022, après avoir trouvé un accord sur le prix à payer avec Amber. « Les investisseurs pour qui nous travaillions ont fait leur plus-value, nous pouvons sortir », explique le fonds activiste, ravi de la valorisation offerte.

Car cette fois-ci Bolloré n'a pas mégoté. Il faut dire que Lagardère est une proie bon marché, à l'échelle des milliards d'euros qui sont entrés dans les caisses à la faveur de l'exfiltration d'Universal Music. Mais la méthode n'a pas fondamentalement changé : il s'agit d'exercer le pouvoir, sans les apparences – rappelons que Vincent Bolloré n'a qu'un siège de « censeur », sans droit de vote, dans les instances de Vivendi –, et surtout « sans en payer le prix ». Bolloré n'est pas le premier, il n'a pas inventé cette martingale. Le capitalisme français à l'ancienne reposait même sur cet axiome : avec 20 % du capital d'une société, la Compagnie financière de Suez ou la Banque de Paris et des Pays-Bas étaient dans les Trente Glorieuses les spécialistes de ces changements de cap sans changement de majorité.

Et dans le capitalisme anglo-saxon, le jeu entre différentes catégories d'actions, aux droits ciselés selon la soif de pouvoir des *tycoons*, permet à ceux-ci d'exercer une influence déterminante avec un engagement très ténu. Bolloré, préoccupé par cette inégalité de traitement, voulait en administrer la preuve. C'était début 2015, et le tout récent président du conseil de surveillance de Vivendi avait sorti lors d'un déjeuner avec la rédaction de *Challenges* une fiche de son portefeuille comparant sa position officielle dans le groupe français (alors 10,5 % des actions et autant de droits de vote) avec celles des actionnaires dominants des grands américains des médias : « Rupert Murdoch dispose de 15 % des actions de News Corp., mais de 39 % des droits de vote ; mieux encore, John Malone, avec seulement 3 % des actions de Liberty Media, peut compter sur 28 % des droits de vote ; et cela va jusqu'à 53 % pour Facebook, dont Mark Zuckerberg [le fondateur] n'a, lui, que 15 % des actions. » Double conclusion du patron : « J'ai une gouvernance en France plus contraignante face à des concurrents mondiaux, non seulement plus gros, mais plus mobiles ; et pour faire de Vivendi une puissance européenne, un Bertelsmann à la française, il faut un pouvoir lourd. » Conséquence quasi immédiate : quelques mois plus tard, il obtenait à l'assemblée générale de Vivendi l'application de la loi Florange, instituant un droit de vote double pour les actionnaires de long terme, déjouant une manœuvre des fonds anglo-saxons qui ne voulaient pas en entendre parler. Et consacrait *de facto* sa position d'actionnaire de référence.

Cette habileté à « prendre le contrôle, sans en payer le prix » n'a été battue en brèche qu'en deux occasions : en 2016, quand Vivendi a racheté la totalité du capital de l'éditeur de jeux Gameloft, mais c'était un montant minime (700 millions d'euros) en comparaison des disponibilités du groupe de médias ; et vingt-cinq ans plus tôt, quand la vieille Commission des opérations de Bourse avait contraint le groupe Bolloré, encore en devenir, à racheter la totalité des actions des minoritaires de Delmas-Vieljeux dans les mêmes conditions que celles offertes à la famille du « Cachalot ». Un coup de massue imprévu de plus de 1 milliard de francs qui, joint à une amende non anticipée de la Commission européenne pour casser le monopole du transport sur l'Afrique, et à la chute des marges que cette décision a entraînée, allait faire connaître à Vincent Bolloré les pires moments de sa vie d'entrepreneur.

C'était à l'été 1992, et Philippe Villin, qui était à l'époque le bouillant directeur général du *Figaro,* un poste idéal pour être au croisement de toutes les indiscrétions, était venu l'avertir en voisin - il passe toutes ses vacances dans sa maison de Cavalaire-sur-Mer : « Tu sais, tout Paris ne bruisse que de la rumeur que tu vas faire faillite », avait-il confié à l'entrepreneur fragilisé, qui le recevait à déjeuner... sur son yacht, au large du cap Lardier. Pour une fois, Bolloré écoute, et saura remercier le messager, quand, en 1995, Villin se fera exécuter par Robert Hersant, propriétaire du *Figaro* :

il donnera au patron de presse devenu banquier son premier contrat de conseiller. Entre-temps, il a appelé deux poids lourds de l'establishment pour l'aider à retrouver de la crédibilité : Jean-Paul Parayre, ex-patron de Peugeot-Citroën, et Bernard Ésambert, bras droit pendant dix-sept ans d'Edmond de Rothschild, s'y emploieront, se succédant ainsi à partir de 1993 aux côtés de Bolloré. « Son groupe avait fait l'OPA sur Delmas sans regarder dans le ventre de la bête », se souvient aujourd'hui l'ancien conseiller de Pompidou, précisant modestement son rôle : « Démontrer que, s'il y avait des difficultés momentanées, à long terme Bolloré retrouverait la pleine forme. Et surtout rassurer la vingtaine de banquiers pour mettre le groupe à l'abri de mauvaises surprises au moment des échéances. Et effectivement, très vite, Bolloré sera sorti d'affaire, et retrouvera son dynamisme. » Les grandes opérations pourront reprendre. Claude Bébéar, le fondateur de l'assureur Axa qui avait beaucoup épaulé Bolloré dans son raid sur Delmas, et l'avait soutenu « deux ou trois fois dans des périodes difficiles », allait être servi : « J'aime le côté conquérant de Vincent. Au rugby, j'aime ces percées agiles des trois-quarts, et peu importe si parfois elles sont stoppées. Vincent, lui aussi, sait s'arrêter. »

Bébéar fait référence à l'aller-retour sur Bouygues, en 1997 : « J'étais à la chasse en Afrique quand Vincent m'appelle pour me dire qu'il achète du Bouygues. “Est-ce que tu le connais ? lui dis-je. Martin Bouygues a le sens de la manœuvre, tu vas te planter.” Et effectivement il est tombé sur un bec, mais il a su faire preuve d'adaptation. Il a transformé une affaire qui se présentait mal en un coup financier. » L'armistice se soldera effectivement avec une plus-value de 1,5 milliard de francs ! Avec 15 millions qui tomberont dans la caisse d'Alain Minc, le grand agitateur dans les coulisses du capitalisme français.

Car l'inspecteur des Finances, visiteur du soir des présidents de la République (surtout Nicolas Sarkozy), apôtre de *La Mondialisation heureuse* et du « cercle de la raison », a conseillé le gotha du Cac 40 (Saint-Gobain, Veolia, Vinci, Kering, Carrefour...) sur des opérations risquées. « Vincent est venu me voir en me disant qu'il avait de l'argent disponible, après avoir pris le contrôle du groupe Rivaud. Moi, j'avais des idées, et nous nous sommes mis d'accord sur un mode de rémunération simple, et très agréable pour les deux parties au moment de payer les factures : il me verserait 1 % des plus-values constatées. »

Bouygues a été le premier épisode d'une saga éblouissante, se soldant à chaque fois par des plus-values se comptant en milliards de francs : plus de 2 milliards sur Pathé, ce qui permettra à Vincent Bolloré de prendre une grosse revanche sur Nicolas Seydoux, propriétaire de Pathé, qui l'avait snobé dans sa bataille pour Delmas (« Je n'avais pas jugé utile de vous prévenir », avait laissé tomber Seydoux après avoir vendu Chargeurs, la face maritime de son groupe, à Tristan Vieljeux, dans le dos de Bolloré) ; plus de 3 milliards sur Rue Impériale, la holding de la banque Lazard... Avec à chaque fois les mêmes ingrédients, selon Minc :

« L'hypothèse, jamais formulée, mais toujours envisagée, d'une prise de contrôle, même avec des gros poissons comme Bouygues ou Lazard. Et l'absence d'états d'âme au moment de vendre, si nécessaire. » Bien sûr, parfois il faut se retenir. Et Bolloré n'a pas suivi quand son conseiller lui a proposé comme nouveau « thème », ainsi qu'on nomme les occasions naissantes dans les banques d'affaires, Peugeot-Citroën. Le groupe était à la ramasse, le secteur automobile titillait le chef d'entreprise depuis qu'il investissait à fond depuis ses usines de Bretagne dans la technologie des batteries. Mais une crainte l'empêchera de foncer : le risque d'un affrontement avec la CGT, syndicat ultra puissant dans les ports, là où se faisaient la plupart des profits récurrents du groupe Bolloré.

La plus belle affaire du tandem Bolloré-Minc se fera, elle, sans fracas ni tracas, et assurera pendant de longues années des résultats exceptionnels resplendissants. Le franc était passé à l'euro, mais les plus-values affichées s'inscriront toujours en milliards : plus de 3, selon Minc, grâce à Vallourec, le spécialiste des tubes sans soudure pour le pétrole, dans lequel Bolloré est entré à hauteur de 20 % en 2003. « Mais cette fois nous avons eu aussi de la chance, car personne n'avait anticipé que le prix du baril allait remonter au-delà de 100 dollars », reconnaît le conseiller. Trois milliards d'euros bien utiles, car entre-temps, Vincent Bolloré s'est pris de passion pour les médias... et Vivendi.

« En réalité, nous avons failli entrer dans le capital dès le fameux été 2002, révèle Alain Minc. Messier avait été poussé dehors en juillet, et le cours était tombé à 8 euros. Nous avions mobilisé les banques pour attaquer le 15 août, mais le cours est remonté brusquement, rendant l'opération trop chère. » Ce n'est que partie remise. Le ver est dans le fruit, les alliés dans la place - Claude Bébéar et Henri Lachmann au conseil de surveillance, Jean-René Fourtou à sa tête, tous assidus du club des Grands Fauves Entreprise et Cité. Le contrôle de Vivendi allait néanmoins prendre du temps, empruntant des chemins détournés, et montrer l'étendue des talents de Bolloré, raider impénitent et entrepreneur persévérant. Et si l'on veut saisir pourquoi le banquier Philippe Villin, qui n'a généralement pas froid aux yeux, parle de Bolloré avec « une admiration prudente et effrayée », sa montée en puissance dans Vivendi mérite d'être détaillée. Pour une fois, calculette en main.

Il aura donc fallu attendre dix ans pour que Vincent Bolloré campe à nouveau devant la porte de Vivendi. Officiellement, cette fois. Depuis 2005, l'entrepreneur avait démontré que les médias étaient une diversification du groupe, sans que l'on sache très bien s'il s'agissait d'un levier pour attirer ses enfants dans le groupe familial ou d'une entrée massive dans le secteur. Car autant son équipe, emmenée par l'ex-patron de RTL Philippe Labro, avait convaincu le Conseil supérieur de l'audiovisuel de lui accorder une fréquence sur la Télévision numérique terrestre (TNT) avec un dossier de grands professionnels, autant les débuts chaotiques de Direct 8 - pas de maquillage, coupures à l'antenne, animateurs de kermesse... - frisaient l'amateurisme. Le chef de plateau Bolloré, au cœur du dispositif comme d'habitude, le savait, et s'en moquait. « Comme je vous plains ! lançait-il à la cantonade devant ses collaborateurs. Ne dites surtout pas dans vos dîners en ville que vous travaillez à Direct 8, vous allez encore être l'objet de la risée générale... » Mais peu importait : le métier rentrait, et avec l'acquisition de Virgin 17, rebaptisé immédiatement Direct Star, le projet prenait de la consistance.

Et voici comment, fin 2011, s'est préparée la rencontre entre Vincent Bolloré, avide de grossir dans la communication, et Bertrand Méheut, le patron de Canal+, à la recherche de chaînes gratuites, en complément de son vaisseau amiral crypté, pour consolider une stratégie qui faisait débat au sommet de Vivendi. La suite de l'histoire est racontée par un parfait connaisseur de la Bourse, encore stupéfait de la transaction à laquelle aboutirent les deux hommes - un échange de Direct 8 et Direct Star, deux chaînes encore déficitaires, contre 1,7 % du capital de Vivendi : « Je m'imaginais qu'ils allaient prendre des tomates en annonçant cette transaction au marché. Or, ce jour-là, Vivendi a surperformé de 4 points le Cac 40. Preuve que la meilleure motivation pour un investisseur reste d'être associé à quelqu'un qui sait fabriquer des milliards. » Et effectivement, depuis cette entrée, le cours de Vivendi et la fortune de Bolloré ont doublé ! « Il n'y a qu'une seule chose qui m'intéresse, c'est l'argent », avait confessé le milliardaire, au cours de son assaut contre Lagardère.

Mais l'argent considéré comme une matière première, qu'il faut savoir repérer, exploiter, développer, et valoriser. Pour en témoigner, alignons quelques chiffres.

Cette première participation dans Vivendi représente l'équivalent de 360 millions d'euros, bien supérieure aux sommes investies par Bolloré dans ses deux chaînes de TNT. Pour monter en puissance, et atteindre les 5 % du capital qui lui ouvriront les portes du conseil de surveillance, c'est cette fois plus de 700 millions de la trésorerie de Bolloré qu'il faut sortir. Et environ 3 milliards les années suivantes pour arriver au seuil de 15 %, qui va tout changer, avec l'attribution des droits de vote double, et la promesse de confortables dividendes futurs – 600 millions de distribution exceptionnelle dès 2015, au moment de la vente de SFR, puis entre 100 et 200 millions qui vont tomber à chaque exercice dans les caisses de son premier actionnaire, au gré de sa montée dans le capital.

Jusque-là, tout est assez maîtrisable. Mais les choses se compliquent avec le déploiement de l'ingénierie financière signée Bolloré. À commencer par l'outil le plus simple pour affermir une position capitalistique sans dépenser d'argent : la réduction de capital. Toutes les entreprises – grandes ou petites – y ont recours, mais aucune avec la constance de Vivendi. À partir de 2015, ce sont plus de 200 millions d'actions rachetées par Vivendi qui ont été annulées en quatre étapes, réduisant mécaniquement de 13 % le nombre de ses titres. Si ces opérations – qui profitent à tous les actionnaires, entendons-nous bien – n'avaient pas été conduites,

Bolloré aurait dû dépenser la bagatelle de 1,4 milliard d'euros supplémentaire (au cours moyen de 2021) pour arriver aux mêmes 27 % d'actions qu'il contrôle aujourd'hui.

Deuxième manœuvre qui, elle, a fait couler beaucoup d'encre : la fusion entre Havas et Vivendi, décidée en 2017. En juin 2014, celui qui était déjà devenu le premier actionnaire de Vivendi remplace en effet à la tête du conseil de surveillance son « ami de trente ans » Jean-René Fourtou, avec qui les divergences devenaient trop profondes. « D'abord il y a eu désaccord industriel, se souvient Claude Bébéar. Jean-René voulait vendre Canal+, Vincent s'y refusait et il avait raison. Et puis cela a dérapé sur la gouvernance : Jean-René s'est mis en travers de Vincent, car il ne voulait pas partir ; il a même fallu interrompre un conseil pour que les deux sortent et trouvent un accord entre eux sans que personne ne perde la face. » À peine intronisé, Bolloré fait nommer Arnaud de Puyfontaine président du directoire. S'il n'est pas « l'inconnu du Cac 40 », comme moque un ancien membre de cette instance, son expérience à la tête de filiales d'Emap, Mondadori et Hearst en Europe ne lui donne pas le poids d'un Thomas Rabe, patron de l'allemand Bertelsmann, un moment envisagé pour prendre le poste, à la grande fureur de Vincent Bolloré. Car la réalité est d'une redoutable banalité, comme le confiera Vincent à son ami Lachmann, évoquant le choix de Puyfontaine : « Il ne me gênera pas. »

Et effectivement, Arnaud de Puyfontaine « ne le gênera pas » dans le projet de fusion controversé, et en deviendra même le parfait zélote, avec une mascotte, le petit ours Paddington : une production de Studio Canal, des jeux vidéo conçus par Gameloft, des films publicitaires imaginés par les créatifs d'Havas... Il n'y a guère que Yannick Bolloré, le cadet de Vincent, nommé PDG d'Havas en 2013, qui défende avec autant d'ardeur le rapprochement : « Il existe beaucoup de zones où il est possible de réaliser des synergies. » Pour ne pas parler des avantages financiers...

Car la fusion Havas-Vivendi se fait sous forme de rachat du premier par le second : 4 milliards d'euros à débourser par le groupe de communication, dont 2,4 milliards pour reprendre les 60 % que contrôle Bolloré dans Havas. Une majorité constituée depuis 2003, depuis qu'avait germé dans la tête de Monsieur 1 %, Alain Minc, ce raid du financier entrepreneur dans la deuxième agence de publicité française. On l'a dit, Minc ne conseille plus Bolloré, mais cela ne l'empêche pas d'admirer en esthète l'opération : « En fixant la prime de contrôle d'Havas à 10 % au-dessus du cours de Bourse, Vincent l'a parfaitement calibrée pour la rendre acceptable par le marché. » Et ceux qui se sont interrogés sur les conditions de cette opération auprès de la Commission des opérations de Bourse, qui l'avait validée, en sont restés pour leurs frais : « Les actionnaires minoritaires d'Havas n'ont pas fait une mauvaise affaire, a-t-on confié en privé au sein de l'institution. Et le cours de Vivendi a progressé depuis l'annonce de l'opération, montrant que celle-ci est bien reçue par le marché. » Fermez le ban, et tant pis si un autre ancien conseiller de Bolloré s'étonne : « Cette justification n'a aucun sens. Le cours de Vivendi aurait évidemment fait beaucoup mieux s'il n'y avait pas eu ce mariage avec une agence de pub vieillissante. C'est comme si un groupe d'énergies renouvelables avait tout d'un coup racheté des centrales à charbon ! » Impossible à prouver, évidemment.

Le dernier coup financier, lui, ne souffre aucune discussion, tant il a été mené de main de maître. En mai 2021, l'assemblée générale des actionnaires de Vivendi a en effet autorisé une « distribution exceptionnelle en nature » de 20 milliards d'euros, avec le projet de cotation séparée de la filiale Universal Music Group (UMG) à une valorisation stratosphérique obtenue pour la major de la musique ragaillardie par le streaming. « Songez qu'UMG avait connu dix-sept exercices en récession de suite », constatait Yannick Bolloré, avant que les chiffres ne s'inversent. Et c'est toute l'habileté de son père d'avoir senti ce potentiel, et d'avoir fait preuve de patience : « Un soufflé au fromage, il faut savoir le sortir du four au bon moment », a l'habitude de dire Vincent. Et effectivement il avait « sorti du four » un peu trop tôt l'autre pépite trouvée dans Vivendi, l'éditeur de jeu Activision. « Activision avait été vendu dans la précipitation en 2013, l'année qui a suivi l'arrivée de Bolloré dans Vivendi, se souvient un acteur de l'époque. "Il y a trop de violence dans les jeux", avait même avancé Vincent, pour justifier l'opération. » Depuis, la valorisation du créateur de World of

Warcraft a été multipliée par sept ! Mais on ne peut pas réussir à tous les coups.

Une chose reste sûre, avec la formidable cotation d'Universal Music à Amsterdam, la « distribution exceptionnelle en nature » va se traduire par un versement dans les caisses du groupe familial de l'équivalent de 5,4 milliards d'euros (27 % de 20 milliards), immédiatement porté à près de 8 milliards avec l'accueil enthousiaste des marchés réservé aux titres UMG ! Et là les chiffres commencent à danser.

Alors, récapitulons : depuis qu'il est entré dans Vivendi, en 2012, le groupe Bolloré a touché 660 millions d'euros en actions de Vivendi pour ses chaînes TNT, 1,34 milliard de dividendes, l'équivalent de 1,4 milliard économisé en non-achat de titres grâce aux réductions de capital, 2,4 milliards grâce au rachat des 60 % de Havas et, bouquet final, un actif de 8 milliards en actions UMG. Total : près de 14 milliards d'euros qui ont bénéficié à Bolloré au cours de cette décade prodigieuse. Bien sûr, pour permettre cette succession d'opérations, il a bien fallu prendre son risque et investir : des dizaines de millions d'euros pour financer au départ les pertes annuelles des chaînes de TNT, des centaines de millions pour constituer une position inexpugnable dans Havas, des milliards pour monter en puissance dans Vivendi. Le vrai coût de sa prise de contrôle de Vivendi, Vincent Bolloré le garde pour lui, sans doute entre 3 et 4 milliards. En face, il a déjà engrangé trois, quatre fois plus... et il garde toujours ses 27 % de Vivendi, même rabougri. Chapeau l'artiste !

VI

L'Africain

Un héritage de la belle-famille - La décade prodigieuse - Concessions et corruption - La folie du rail - Tintin en Afrique - Les Olympias des tropiques - La voie royale de Cyrille - Fin de partie

Pour un patron habitué à régner sans partage sur son entreprise, il n'y a pire épreuve que la confrontation avec un juge d'instruction. Surtout quand on est majoritaire dans son capital, et habitué à décider seul de tout comme Vincent Bolloré. C'est peu dire que la mise en examen de l'homme d'affaires, après deux jours et une nuit de garde à vue, le 25 avril 2018, pour « corruption d'agent étranger », « complicité d'abus de confiance » et « faux et usage de faux », est une tache. « Une blessure injuste, odieuse, insupportable, une souillure », va jusqu'à dire son fidèle homme de communication, Michel Calzaroni. À tel point que le président du conseil de surveillance de Vivendi, se sachant convoqué par les juges, et anticipant leur décision, a choisi de mettre à l'abri le groupe de médias en démissionnant de cette fonction... et en y installant son fils Yannick.

Dans la réalité de l'exercice du pouvoir à Vivendi, cela n'a pas changé grand-chose. D'ailleurs, Bolloré n'a pas quitté son bureau d'angle du sixième étage, avec vue sur l'Arc de Triomphe, et a mené, seul comme à l'accoutumée, la campagne pour la conquête de Lagardère. Mais en Afrique, où se sont déroulés les faits incriminés, c'est autre chose. Comme si cette mise en examen avait été une cassure dans la longue relation que le groupe Bolloré avait tissée avec le continent. « Faut-il abandonner l'Afrique ? » se demande ainsi un Bolloré abattu, quelques jours après sa mise en examen, dans *Le Journal du dimanche* : « Proche du moment où je vais titrer ma révérence après bientôt quarante ans à la présidence du groupe dont je porte le nom, je m'interroge sérieusement. Non pas à cause des conditions de ces deux pénibles jours [de garde à vue], même si le système inquisitorial est extravagant. C'est à cause du fond : depuis environ trente ans notre groupe a cru au développement de l'Afrique, y a investi patiemment près de 4 milliards d'euros et a contribué à y créer énormément d'emplois : près de trente mille familles vivent du travail de nos entreprises. » Alors pourquoi lâcher ? « En raison de campagnes véhiculant des informations fausses ou malveillantes, ce continent, qui sera bientôt riche de deux milliards d'habitants, qui est aux portes de notre Europe et qui se développe - heureusement - beaucoup plus vite que le nôtre, est appréhendé comme une terre de non-gouvernance, voire de corruption. On y imagine des chefs d'État décidant seuls d'accorder des contrats mirobolants à des financiers peu scrupuleux...

En cent quatre-vingt-seize ans, notre groupe a traversé avec succès des révolutions, deux guerres mondiales, des ruptures technologiques. Ses équipes sont sa force mais elles doivent, pour créer de la valeur, être dirigées vers les eaux les moins hostiles possible. »

Faut-il voir dans ces lignes les prémices de la vente des activités africaines, dont le groupe Bolloré a annoncé être en négociation avec l'armateur suisse MSC d'ici le 31 mars 2022 ? Au moment de la mise en examen, Bolloré Africa Logistics représente 20 % de l'activité du conglomérat, et une part au moins aussi importante de ses profits, même si le chiffre n'est pas connu. Mais, c'est vrai, indépendamment de la procédure judiciaire, l'attraction mutuelle s'est déjà émoussée. Vincent Bolloré ne déclarerait plus sa flamme, comme il l'a fait dix ans plus tôt, à l'incontournable magazine *Jeune Afrique,* qui s'inquiétait déjà de voir le secteur de la communication nourrir les rêves de diversification du groupe, bien avant la montée en puissance dans Vivendi : « L'Afrique reste évidemment très importante dans nos cœurs. J'ai aussi la conviction, je n'en démords pas, que les Africains, après avoir connu un passé extrêmement difficile, disposent de capacités humaines extraordinairement fortes. » Cette profession de foi – qui s'étire sur plus de vingt pages ! – n'était pas de pure circonstance. « Bolloré a investi en Afrique alors que personne n'y croyait, atteste cet autre passionné du continent, Matthias Leridon, un des conseillers du microcosme parisien qui murmurent à l'oreille des grands patrons. Je ne l'ai jamais pris en défaut sur ses qualités de visionnaire. »

Et pourtant, le choix de la PME Bolloré de s'orienter vers l'Afrique était pour le moins inattendu. C'est au cours des déjeuners avec sa belle-famille, les Fossorier, que Vincent allait découvrir les confortables marges à attendre en capitalisant sur l'héritage laissé par l'Afrique occidentale française. Et c'est l'expérience des Fossorier qui l'a poussé à faire son premier mouvement important de jeune entrepreneur, en rachetant dès 1986 la Scac, qui était jadis dans l'orbite de la famille, prospérant sur la logistique portuaire Nord-Sud. Enfin, ce furent les constantes bisbilles de la même Scac, dont les installations orange étaient en concurrence sur les quais africains avec les grues bleues de Delmas-Vieljeux, qui allaient pousser Bolloré à la conquête de l'armateur.

Pendant les dix premières années de cette aventure, « Bolloré l'Africain » a mérité ce surnom. Il passait cinq jours par mois en déplacement sur le continent, pacifiant les relations entre les « orange » et les « bleus », validant chaque investissement, car l'OPA sur Delmas avait vidé les caisses, veillant à ce que les bateaux soient remplis au maximum (« Bateau pas plein, bateau pas bien », selon un dicton africano-bolloresque)... Rencontrant aussi les dirigeants des pays, ceux du golfe de Guinée notamment, et se prenant d'affection pour certains d'entre eux, achetant même une maison à Saint-Louis du Sénégal, dont il se disait « citoyen de cœur », au plus grand plaisir du président d'alors, Abdou Diouf. « Avec l'Ivoirien Félix Houphouët-Boigny, c'était devenu un peu passionnel, se souvient Jean-Guy Le Floch, numéro deux de Bolloré à l'époque. Ils se voyaient plus souvent que le business ne le nécessitait : c'étaient des déjeuners davantage entre amis qu'entre partenaires. » En Côte d'Ivoire, il visitait également les plantations d'hévéas et de palmiers à huile, héritées comme celles du Cameroun et du Liberia du groupe Rivaud, une caverne d'Ali-Baba dont il allait récupérer les clés en 1996 à l'occasion d'un scandale éclaboussant cette banque qui finançait le RPR.

Dans ce trop-plein d'actifs disséminés sur un immense continent - installations portuaires de la Scac, navires de Delmas, plantations de Rivaud, sans oublier les cigarettes, activité historique de Bolloré dans laquelle Vincent avait réinvesti, il fallait faire des choix. Laisser par exemple la gestion des plantations à la famille belge Fabri, pour s'épargner les campagnes critiques d'ONG sourcilleuses, notamment sur la production d'huile de palme. Abandonner une fois pour toutes le tabac, promet Bolloré, fumeur compulsif et repenti, comme il l'expliquera, la main sur le cœur, à *Jeune Afrique* : « Je suis d'une famille dans laquelle tout le monde fumait, c'était normal et valorisant. Et puis, un jour, on a découvert que la cigarette était quelque chose de très dangereux. Et il nous a semblé naturel de ne pas participer à une activité dont les effets sont néfastes. Nous en sommes sortis, avec évidemment de la peine, car c'était une activité historique chez nous, notamment avec le papier OCB, et parce que c'était très rentable. »

Sur l'autre grand désengagement de Bolloré en Afrique - la vente des bateaux de Delmas, l'histoire racontée à *Jeune Afrique* est plus difficile à gober :

« Il nous a semblé, là encore, que cette activité était la cause de problèmes, notamment de pollution mais pas seulement. Quand je suis arrivé chez Delmas, on a connu un premier incident avec des conteneurs qui étaient tombés à la mer. Puis, beaucoup plus récemment, un de nos bateaux a été obligé de faire une manœuvre en Manche qui a entraîné une sorte de carambolage, avec un porte-voitures qui s'est retourné, qui a coulé. Cela n'a pas fait de mort, ni de catastrophe écologique, et notre responsabilité paraît faible dans cet accident, mais je me suis dit qu'on ne pouvait pas demander à un groupe familial comme le nôtre d'assumer un risque de cette nature. Et nous sommes sortis du maritime, dont l'essentiel des destinations étaient africaines. »

Jean-Guy Le Floch a de ce désinvestissement une vision plus au ras des flots : « Vincent a accompagné ce qui était inévitable et irréversible avec l'essor du commerce mondial au début du XXIe siècle. Tous les petits armateurs ont disparu à la faveur d'une très forte concentration, laissant les seuls géants capables de gérer les incroyables sauts des tarifs de fret maritime. » Et comme Vincent Bolloré n'avait aucune chance de convaincre Jacques Chirac d'organiser la privatisation de la CGM en 1996 autour de Delmas – le président de la République étant trop proche de l'armateur franco-libanais Jacques Saadé, conseillé par Tristan Vieljeux (« qui lui achetait ses blazers », raillait méchamment Bolloré) –, Delmas n'allait pouvoir résister. Ainsi, la flotte de bateaux conquise de haute lutte en 1991, ce qui avait mis sérieusement en danger les finances et la réputation de Bolloré les années suivantes, finit par être cédée en 2005... à CMA-CGM. Éloge de Matthias Leridon, en connaisseur : « Si tu es lié à tes actifs, tu n'es pas entrepreneur. »

Cette séparation fut libératrice. Et elle a poussé Bolloré Africa Logistics à se porter candidat à tous les appels d'offres pour la privatisation des ports existants ou des infrastructures nouvelles que la Banque mondiale recommandait de privatiser dans la grande vague de libéralisation s'imposant aux pays en développement. Après Abidjan, devenu la vitrine du groupe – un contrat de gré à gré, dividende de la relation intime avec la Côte d'Ivoire –, les ports de Douala (Cameroun), Lagos (Nigeria), Tema (Ghana), Lomé (Togo), Cotonou (Bénin), Libreville (Gabon), Pointe-Noire (Congo), Conakry (Guinée), etc., sont successivement tombés aux mains des « Bolloré boys ». Le premier d'entre eux, Dominique Lafont, patron de la filiale, se souvient avec émotion de cette décade prodigieuse : « À force de vision, d'élan et de présence sur le terrain, nous avons gagné la concession de quinze ports, et nous sommes devenus le premier opérateur en Afrique. » Bolloré avait alors une telle aura sur le continent qu'il suffisait de craquer l'allumette pour mettre le feu. Et puis, à partir de 2007, avec l'élection de Nicolas Sarkozy, et le prêt du yacht *Paloma* au nouvel élu, « aux yeux des chefs d'État, Vincent Bolloré était devenu l'ami du président ». Lafont insiste bien cependant : « Cette proximité n'a été qu'un accélérateur. Car les dirigeants africains savaient aussi que nous tenions nos engagements. » D'ailleurs, plusieurs de ces drapeaux ont été plantés avant 2007, et en Afrique anglophone, comme le grand succès de Lagos en 2005, où le poids de la « Françafrique » n'a jamais été déterminant.

Il reste que Bolloré excellait dans ce jeu d'influence. D'ailleurs, Michel Roussin, ancien des services secrets et ministre de la Coopération dans le gouvernement Balladur, devenu depuis « Monsieur Afrique » officiel au Medef, et officieux à l'Élysée, sera recruté comme vice-président de groupe Bolloré entre 2000 et 2010. « Heureusement que je suis revenu en Afrique, écrira l'ex-ministre dans son livre *Le Gendarme de Chirac* (Albin Michel), rédigé à mi-parcours de cette expérience dans le privé. Les bateaux, les ports, les champs de coton, la privatisation des chemins de fer, les négociations avec nos partenaires, les rencontres avec les autorités politiques locales, les bagarres avec nos concurrents rythment ma vie. » Est-ce lui qui a poussé Vincent Bolloré à faire des liens avec le Togo et la Guinée son jardin personnel, en excluant Lafont de ces deals ? De cela, et d'autres choses, Roussin ne dit rien aujourd'hui, trop content de ne pas apparaître dans les procès-verbaux des auditions devant les juges d'instruction qui ont valu à Vincent Bolloré « la salissure » de sa mise en examen.

« Monsieur Afrique » réapparaîtra dans le groupe Bolloré en 2015, comme conseiller cette fois. Notamment pour faire avancer un projet fou, celui d'une boucle ferroviaire de 3 000 kilomètres. Comment qualifier autrement cette vision grandiose... et cette débauche d'investissements promise ? Une ligne de chemin de fer qui devait relier Abidjan (Côte d'Ivoire) à Lomé (Togo) en passant par Ouagadougou (Burkina Faso), Niamey (Niger) et Cotonou (Bénin), avec 1 200 kilomètres de voies à construire, et le reste à réhabiliter. « Bolloré à la conquête de l'Ouest africain », écrira l'envoyé spécial de *Challenges* sur ce chantier digne de *Tintin au Congo*. D'ailleurs, Michel Roussin ne s'y trompe pas, qui lui confiera : « Ce que n'a pas achevé le colonisateur, Vincent le termine. » Bolloré défend sur le même registre son méga-chantier africain : « Cela fait plus de quatre-vingts ans qu'on parle de cette ligne de chemin de fer. Si nous avons décidé de la faire, et d'investir près de 3 milliards d'euros, c'est parce que nous croyons à l'Afrique. Et nous sommes les seuls à financer cette boucle. Nous avons le courage de le faire sur un horizon très long, de plus de vingt ans. Cela exigeait beaucoup d'audace. »

Quand on regarde une carte d'Afrique, cette « boucle » qui s'enroule autour du Ghana apparaît effectivement comme une œuvre pharaonique. « Quand Vincent a présenté le projet dans une réunion du groupe de quarante personnes, j'ai été le seul à manifester mes réserves. Ensuite, en tête à tête, je lui ai dit : "je ne comprends pas" », confie aujourd'hui Dominique Lafont. Évidemment, Bolloré n'en a cure, et le dirigeant de Bolloré Africa Logistics connaîtra bientôt la disgrâce, ce qui ne l'empêchera pas de garder son estime pour l'homme, tant il est « séduisant, brillant, courageux, entreprenant... et atypique ». Ce que Bolloré ne réfuterait pas, quand il souligne « investir massivement dans des secteurs où personne n'ose aller ». Mais le chiffre de 3 milliards devrait faire réfléchir. C'est le montant que Bolloré dit avoir consacré par exemple au développement de sa technologie de batterie. Là aussi, il a investi « où personne n'ose aller ». Et en pure perte jusqu'ici. Or, la formidable « conquête de l'Ouest africain » est aujourd'hui à l'arrêt complet.

« Le tronçon de 140 kilomètres construit dans le sud du Niger est à l'abandon, et aucun train n'y a circulé depuis l'inauguration », raconte *Challenges*, retourné sur place trois ans plus tard. Au Bénin, la « boucle » a été stoppée sur décision de justice et du président de la République ; l'homme d'affaires Patrice Talon a estimé que « la manière dont le projet a été engagé n'est pas à la hauteur de nos ambitions, des besoins de nos peuples et des exigences techniques d'aujourd'hui et de demain ». Un appel du pied à peine voilé à la Chine, toujours prête à financer d'énormes projets d'infrastructures pour s'ancrer un peu plus en Afrique. Et comme un malheur n'arrive jamais seul, Bolloré Africa va connaître en 2016 au Cameroun, de l'autre côté du Nigeria, un tragique accident qui plombe sa réputation d'opérateur ferroviaire : un des trains de la Camrail, dont le convoi avait été porté de neuf à seize voitures parce que la liaison aérienne Douala-Yaoundé était bloquée à cause d'une grève de Camair, déraille, emporté par sa vitesse dans une pente. Bilan : 79 morts et 551 blessés. Et de nouvelles procédures judiciaires contre Bolloré, dont la filiale est jugée responsable.

À la suite de cet accident tragique, et de la cascade de contentieux juridiques dans les chemins de fer, on sent chez les « Bolloré boys » une pointe de découragement :

« S'il existe des opérateurs capables de se substituer au groupe pour réaliser la boucle ferroviaire, nous sommes prêts à sortir », a lâché le numéro deux de Bolloré Logistics. À l'inverse, du côté des analystes financiers, c'est plutôt le soulagement : « Concernant le projet d'investissement dans la boucle en Afrique, il nous paraît relativement clair que le groupe Bolloré ne va pas se battre pour construire les lignes ferroviaires entre le Burkina Faso, le Niger et le Bénin, estiment deux analystes d'Oddo-BHF. Ce qui devrait permettre d'économiser beaucoup d'argent et de mettre fin aux incertitudes actuelles. » Ouf ! Pure coïncidence : cette note a été écrite en mars 2018, au moment précis où Vincent Bolloré prend connaissance de sa convocation chez les juges, qui débouchera sur sa mise en examen.

Bien sûr, les deux sujets n'ont rien à voir : un accident tragique d'un côté, et une affaire de corruption de l'autre. Les pays concernés ne sont pas les mêmes : Bénin, Niger, Côte d'Ivoire et Cameroun d'un côté, Guinée et Togo de l'autre. Le seul fil qui les relie, c'est Vincent Bolloré, ses certitudes, sa capacité d'écrire ou (ré)écrire l'histoire, sa volonté de décider seul, et son penchant pour les dénégations. Les travaux de la boucle ferroviaire sont stoppés ? « Il y a toujours des contestations, c'est inhérent à toutes les grandes aventures, comme les canaux de Panama ou de Suez », minimise le patron, qui a sans doute oublié que la faillite de la Compagnie du Canal interocéanique s'est terminée sur le plus gros scandale de la IIIe République. Les dépenses payées pour les campagnes électorales au Togo et en

Guinée ne sont-elles pas des « cadeaux » aux présidents élus, interrogent les policiers pendant la garde à vue d'avril 2018 ? « Je pense que c'est une analyse erronée », rétorque Vincent Bolloré, contre toute évidence.

Car la chronologie établie par les policiers dans le dossier de corruption ne laisse que peu de place au doute. Havas, filiale de Bolloré, a travaillé en 2010 pour les campagnes de Faure Gnassingbé au Togo et Alpha Condé en Guinée, et a fait payer une partie des factures (300 000 et 100 000 euros) par Bolloré Africa Logistics. Au Togo, cinq mois après sa réélection, le président recevra de Vincent Bolloré une lettre où le patron précise qu'il espère « jouer un rôle moteur sur le port de Lomé ». Et un avenant à la concession, ouvrant un nouveau quai à Bolloré, a pu être signé. En Guinée, les choses sont encore plus radicales : Necotrans, le gestionnaire du port vétuste de Conakry, sera expulsé par la gendarmerie locale, pour faire la place à Bolloré. Comme le dira en toute candeur le président guinéen quelques années plus tard, interrogé par *Le Monde* sur cette volte-face : « Bolloré travaille et développe le port de Conakry, il remplissait toutes les conditions de l'appel d'offres. C'est un ami, je privilégie les amis. »

À l'exposé de ces faits, Bolloré s'est longtemps drapé dans sa dignité, restant sur la position défendue dans la tribune du *Journal du dimanche*, après sa mise en examen : « Comment imaginer que des dépenses de communication de quelques centaines de milliers d'euros comptabilisées en toute transparence aient déterminé des investissements de centaines de millions d'euros pour des opérations portuaires où l'exigence technique est considérable ? » À ce plaidoyer, le patron ajoute cependant une réflexion sur l'image que cette affaire donne à son groupe : « J'ai réalisé au cours de ces derniers jours que ce que nous faisions en toute bonne foi depuis longtemps, vu à travers le prisme d'un continent africain considéré comme dirigé par des équipes sans foi ni loi, était le terreau d'une suspicion légitime. »

C'est sans doute ce constat qui amènera Vincent Bolloré, à l'approche du procès, à se ranger à l'option, nouvelle en France, du « plaider coupable ». Mais là encore la personnalité de l'homme d'affaires et la présence de la juge Isabelle Prévost-Desprez allaient électriser le palais de justice de Paris, le 26 février 2021. Oui, la « convention judiciaire d'intérêt public » négociée avec la société Bolloré est actée, contre paiement d'une amende de 12 millions d'euros, et d'un programme de 4 millions de mise en conformité piloté pendant deux ans par l'Agence française anticorruption. Mais, non, le bénéfice du « plaider coupable » est refusé à Vincent Bolloré, à la surprise générale : les faits reprochés au « président d'un groupe de réputation mondiale et représentant l'image de la France à l'étranger » sont trop graves pour ne pas être jugés, a tranché la présidente. Du jamais-vu, laissant la procédure en apnée juridique, du fait de la guerre sourde entre le Parquet national financier et le tribunal judiciaire de Paris.

« Ce lamentable épisode aurait pu être évité, si Vincent Bolloré n'avait voulu pousser trop loin ce "plaider coupable" », estime un familier de la procédure, qui fait référence à une affaire similaire autour de François Fillon. « Quand Marc Ladreit de Lacharrière a négocié un plaider coupable après que sa *Revue des Deux Mondes* eut versé douze mensualités de 5 000 euros à Pénélope Fillon pour un emploi qui s'est révélé fictif, il a accepté d'écoper de huit mois de prison avec sursis. Vincent, qui a reconnu dans la procédure avoir corrompu un chef d'État, certes étranger, aurait dû négocier un accord comportant, outre l'amende de 375 000 euros, une peine de un an de prison avec sursis. Mais il a tellement mal vécu cette affaire qu'il en a perdu sa lucidité. »

En réalité, à cette époque, Bolloré est ailleurs, tout à sa volonté de détourer Vivendi et de mettre la main sur Lagardère. Dans ses préoccupations, sinon dans son compte d'exploitation, l'Afrique dérive, comme si le continent n'était plus arrimé à Bolloré. « Comment se fait-il que le groupe n'ait pas gagné un port depuis cinq ans ? » interroge un ancien cador de la maison, sans obtenir de réponse de ses ex-collaborateurs. Pire, Bolloré a perdu la concession de Douala (Cameroun), la première raflée à la concurrence internationale au cours de la période euphorique. Un signe ? « Il peut y avoir des moments de découragement en Afrique, car le continent a parfois une mauvaise image au plan mondial, constate un autre ancien du groupe, Étienne Giros, aujourd'hui président délégué du Conseil français des investisseurs en Afrique. Mais je n'ai jamais senti de découragement de la part de Vincent Bolloré. » Avant d'ajouter : « Si vous êtes en Afrique, il faut y réussir, gagner de l'argent et ne pas oublier que les Africains adorent voir le grand patron. »

Or ils ne voient plus Vincent, mais son fils Cyrille, qui l'a remplacé à la tête de Bolloré Africa Logistics en 2015, et du groupe Bolloré en 2019. Ce n'est pas lui faire injure que de remarquer qu'« il n'a ni le réseau, ni le tempérament de son père », comme le note le spécialiste de l'Afrique Antoine Glaser. Il a surtout beaucoup plus d'appétence pour l'autre division du groupe, qu'il pilote en direct (Bolloré Logistics), de portée mondiale, et dont l'activité a crû de 20 % en trois ans, malgré la pandémie, quand celle de l'Afrique se contractait de 15 %. C'est dans ce climat de fin de règne que *Le Monde* titrait mi-octobre 2021 « Bolloré veut vendre ses activités en Afrique ». Même si la banque Morgan Stanley, identifiée par lc quotidien pour travailler sur l'opération, précisait ne pas avoir de mandat, le groupe Bolloré, lui, ne démentait pas l'information, sans pour autant la confirmer.

« Vincent n'a plus d'attachement pour l'Afrique », éclaire un compagnon de route des Bolloré. Et ce ne sont pas la dizaine de salles de cinéma Canal Olympia ou les belles performances de la chaîne cryptée Canal Horizon sur le continent, pilotées par Vivendi, qui peuvent renverser ce sentiment. « En réalité, il considère que c'est à Cyrille de décider, et il ne mettra pas en avant la place de l'Afrique dans l'histoire du groupe, dont la vocation reste la logistique, mais au plan mondial. Car l'Afrique n'est pas assez internationale, les investissements y sont lourds, et les infrastructures portuaires ne sont pas illimitées. » Pour décrocher le port de Kribi, au Cameroun, en 2015, il a fallu un coup de main de François Hollande, et une alliance discrète avec CMA-CGM. Et le terminal de conteneurs de Tema, au Ghana, n'a été gagné en 2016 qu'en partageant la nouvelle infrastructure avec l'archi-concurrent Maersk.

Mais c'est vers un autre armateur que le groupe Bolloré s'est finalement tourné. Le 21 décembre 2021, il annonçait être entré en négociation exclusive avec le suisse MSC, qui devrait lui faire une promesse d'achat de ses actifs africains d'ici le 31 mars 2022 sur la base de 5,7 milliards d'euros. Le cocardier Bolloré aurait sans doute préféré faire affaire avec le français CMA-CGM. D'ailleurs son patron, Rodolphe Saadé, avait été aperçu au dernier étage du siège de Vivendi, peu après le scoop du *Monde*, déjeunant avec Cyrille. Mais le père et le fils ont finalement opté pour le concurrent suisse. Au moins ont-ils évité ce qui aurait été vécu comme une humiliation : céder tous ces drapeaux bleu-blanc-rouge, plantés pendant près de trente années sur le continent africain, à des intérêts chinois...

VII

L'Italien

L'entrée dans le « Salotto buono » - Bernheim soutenu puis abandonné - La revanche de Berlusconi - Embrouille à Telecom Italia - Elliott, plus fourbe qu'un Italien - Le calvaire de Puyfontaine - Dov'é la macchina da milliardi ?

Faut-il abandonner l'Italie ? Pour paraphraser l'interrogation de Vincent Bolloré sur l'Afrique, les difficultés rencontrées depuis cinq ans de l'autre côté des Alpes sont-elles seulement passagères ? « Hier c'était la guerre, admet-on au sommet de Vivendi. Aujourd'hui la paix est là. » Mais sur quoi va-t-elle déboucher, si Bolloré se retrouve sans allié ? « Il a réussi le tour de force de se mettre à dos Berlusconi à droite, Renzi à gauche », constate Alain Minc, qui l'a accompagné dans sa première campagne d'Italie. Et l'homme d'affaires n'a pas de connexion particulière avec Super Mario, l'ancien président de la Banque centrale européenne Mario Draghi, reconverti en efficace président du Conseil. « Sans soutien politique, vous ne pouvez faire aucun deal dans les médias et les télécoms en Italie », rappelait Carlo Alberto Carnevale Maffe, le professeur de stratégie vedette de l'Université Bocconi, à Milan, dans le *Financial Times*. Et quel est le terrain de jeu de Bolloré en Italie désormais ? Les médias et les télécoms...

Car vingt ans après son arrivée fracassante dans le *Salotto buono*, le « Bon Salon », comme les Italiens qualifient leurs milieux des affaires, Vincent Bolloré s'est retiré du pacte d'actionnaires de Mediobanca, la tour de contrôle du capitalisme transalpin, a signé la paix des braves avec la famille Berlusconi, et essaie de sauver sa position dans Telecom Italia. Tout cela sans avoir gagné d'argent dans la banque, en ayant perdu des centaines de millions d'euros dans la télévision, et en ayant déjà provisionné près de 1 milliard dans les comptes de Vivendi sur les télécoms. Une situation tellement inhabituelle pour Bolloré, le maître des plus-values, qu'elle mérite d'être mieux analysée.

C'est Antoine Bernheim, figure de légende de la banque Lazard, avec son inamovible costume trois pièces même sous la canicule, et mentor de Vincent Bolloré dans ses premières années, qui a inoculé le virus vert-blanc-rouge à l'entrepreneur. Et d'ailleurs, la première dose a été servie sur un plateau par les Italiens eux-mêmes : « Je connais un garçon très intelligent, je suis un ami de la famille, et il a besoin d'être aidé », avait confié Bernheim aux Agnelli, les propriétaires de Fiat, dont il était, chez Lazard, la porte d'entrée en France. Le banquier madré, qui parlait un italien de pizzaiolo, avait déjà aidé les Turinois à diversifier leur capital au-delà de l'automobile, et à prendre des participations conséquentes dans le capital de L'Oréal et d'Air liquide. Alors mettre au début des années 1980 un ticket de 100 millions de dollars dans Albatros Investissement, une des holdings par lesquelles Vincent Bolloré gardait le contrôle de son groupe - les fameuses « poulies bretonnes » inventées par le financier - ne devait pas être un mauvais placement. « Et les Agnelli sont tellement riches... », comme avait l'habitude de dire Bernheim, tout à son ambiguïté avec les puissances d'argent.

Des années plus tard, c'est dans l'autre sens que l'argent allait survoler les Alpes. Le même Bernheim, pourtant rompu aux affaires italiennes, avait perdu sans gloire la présidence de l'assureur Generali en 1999 : « Ils m'ont congédié comme un valet de chambre qui aurait volé dans les tiroirs de la maison », se plaint-il alors amèrement. De cette blessure naît évidemment un désir de revanche, dont Vincent Bolloré, toujours en quête d'une opportunité, sera le parfait instrument. « Il était un ami de la famille, confirme de son côté l'entrepreneur. Quand j'ai repris la société de mon père, j'ai déjeuné avec lui. Depuis nous ne sommes plus quittés. Derrière tout ce que j'ai fait, il y a toujours eu Antoine. » C'est particulièrement vrai pour l'Italie.

La première incursion date de mars 2001 : à l'issue de son raid magique sur Lazard, qui lui procurera une plus-value de près de 3 milliards de francs, Bolloré reprend les 2 % que la banque avait dans Mediobanca. Depuis la mort l'année précédente d'Enrico Cuccia, son emblématique dirigeant, l'établissement faiseur de rois du capitalisme italien est lui-même en proie à une bataille d'actionnaires. Bernheim va piloter Bolloré dans les coulisses de l'institution qui jouxte à Milan le bâtiment de la Scala, lui assure un rôle de consolidateur avec quelques pourcents supplémentaires de capital, et obtient en échange la promesse de retrouver son siège à Generali, que Mediobanca, avec 14 % des actions, contrôle de fait. Ce qui eut lieu dès 2002, alors que Vincent en était encore à perfectionner son italien avec la méthode Assimil !

Suivent quelques années de chausse-trapes : « Les conseils se tenaient exclusivement en italien, et nous n'avions pas droit à des traducteurs, se souvient l'intrus dans le *Salotto buono*. J'ai dit que je parlais la langue "piccolo", même si cela faisait trente ans que je partais en vacances en Italie. Puis nous avons franchi le Rubicon des 5 %, et j'ai réussi à fédérer les petits actionnaires contre les grands. » Surtout, Bolloré a pris la tête du bloc C – le compartiment des étrangers –, et là il a commencé à être respecté. Ce qui ne l'a pas empêché de faire des erreurs, comme de proposer comme patron de Mediobanca Cesare Geronzi, « le banquier romain dans toute son horreur », raille, depuis Milan, le gérant de fonds le plus expert dans les affaires italiennes. Et non content de l'installer à Mediobanca, voici qu'il le proposera en 2010 comme administrateur délégué de Generali. À la place de son ami Bernheim !

Rarement trahison a fait couler autant d'encre dans le monde des affaires. On ne se méfie jamais assez des amitiés de trente ans... Voici deux hommes qui s'appelaient tous les jours au téléphone, dont le plus jeune a œuvré au rétablissement du plus ancien dans sa position tutélaire (avec les coquets émoluments de 5 millions d'euros liés), lequel fut ravi d'épingler la Légion d'honneur au revers du veston de son protégé (avec Nicolas Sarkozy au premier rang de la cérémonie). Deux amis donc, qui jettent leur aventure commune à la rivière ? Pas si simple, témoigne une fan de Bolloré qui travaillait alors pour Generali : « Vincent a été sympa avec Bernheim. Il a tout fait pour que ce dernier, vieillissant, ne se rende pas ridicule. » Cesare Geronzi, dans un livre de confessions, dira la même chose avec d'autres mots : « L'idée [que je le remplace] prospéra lors d'une conversation avec Bolloré. Il considérait que la saison de Bernheim à la tête de Generali était révolue. À plus de 80 ans, Bernheim avait fait son temps. » En réalité le vieux banquier a même dépassé les 85 ans au moment où le vent tourne à son détriment, et Vincent Bolloré n'a pas tort de se justifier en rappelant qu'en Europe aucune société cotée n'est dirigée par un homme de cet âge. Car si Serge Dassault, alors un an plus jeune, lui ravira finalement la palme des papy-managers qui s'accrochent, ce sera surtout grâce à la mainmise familiale de ce dernier sur le groupe aéronautique. Et ni Bernheim ni Bolloré ne disposait de cette carte à Generali.

Le jour de la destitution, le 24 avril 2010, se jouera donc une scène d'anthologie à la *Stazione Marittima* de Trieste, là où se réunit l'assemblée générale de l'assureur. Déjà, Bernheim avait chauffé l'ambiance, en confiant la veille au quotidien triestin *Il Piccolo* : « Je suis un mythe, une légende. » Et quand il prit le micro ce fut pour un propos liminaire - en français - d'une bonne heure célébrant ses mérites, à commencer par celui d'avoir traversé la crise des *subprimes* sans dommage : « De jeunes esprits de la finance ont filé la vérole au monde entier. Les Generali, dirigés par un vieux gâteux qui a pour principe de n'acheter que ce qu'il comprend, sont passés au travers. On a eu beaucoup de problèmes, mais pas la vérole. » Une salve, avant le bouquet final : « J'ai toujours constaté qu'un bienfait est toujours puni. C'est finalement assez scandaleux ce qu'on me fait. Je suis renvoyé, mais c'est accessoire, mesdames et messieurs, je vous salue. »

Bolloré aura beau proclamer qu'il lui doit « fidélité et reconnaissance », ces mots glissent sur le pardessus de son mentor comme la pluie sur les ailes d'un canard. Bernheim sortira alors sa fameuse phrase, résumé d'une vie pleine de succès et d'amertume : « La reconnaissance est une maladie des chiens non transmissible à l'homme. » Dans *Les Échos*, celui que les Italiens appellent déjà *Il Scalatore* (le raider) temporise et assassine en même temps : « Quand, forcé par l'âge, vous perdez vos fonctions opérationnelles, il est naturel d'avoir un mouvement d'humeur. » Avant de porter l'ultime coup, un an plus tard, en ne renouvelant pas le mandat de Bernheim au conseil d'administration d'Havas, devenue filiale de Bolloré, où siégeait le vieux banquier. Il s'éteindra le 5 juin 2012. À l'hommage national qui lui sera rendu aux Invalides, au milieu de tout le gotha des affaires de France et d'Italie, sans oublier le président sortant, Nicolas Sarkozy, la journaliste de *Challenges* qui le connaissait le mieux, Sylvie Hattemer-Lefèvre, s'adressait ainsi à lui, de manière posthume : « Vint le moment des hommages. Si aucun n'avait la saveur de vos brillantes improvisations, toujours pleines de gouaille et de tendresse, qui à chaque fois déchaînaient des tempêtes de rires aux moments les plus inopportuns, tous ont su éviter le ton un peu compassé de circonstance. Bernard Arnault, fidèle entre les fidèles, a ainsi été le premier à rappeler ce qu'il vous devait, le soutien que lui a apporté votre confiance, votre franchise et votre lucidité. C'est curieux de constater que dans ces moments-là chaque mot, chaque phrase, où à l'inverse, chaque non-dit ou omission prend subitement sens... Parce qu'en creux une absence a été particulièrement visible : celle de votre ex-protégé de toujours, Vincent Bolloré, retenu, dit-on, pour affaires en Côte d'Ivoire ! »

Et comme par un étrange hasard, en Italie, le vent va tourner pour Bolloré. En 2013, il abandonne son poste de vice-président de Generali après que son poulain Cesare Geronzi a été écarté piteusement, un an après la destitution de Bernheim. En 2014, sur une opération annexe (le sauvetage de l'assureur Fonsai par Groupama, son allié du Groupe C au sein de Mediobanca), l'homme d'affaires français se retrouve condamné en première instance par la Consob, équivalent transalpin de l'Autorité des marchés à Paris : 3 millions d'euros d'amende, assortie d'une exclusion de dix-huit mois de toute charge dans des sociétés cotées en Italie. En 2015, double mouvement contradictoire chez Mediobanca :

Bolloré est conforté comme deuxième actionnaire derrière Unicredit, avec 8 % du capital ; et parallèlement il envoie sa benjamine, Marie, 25 ans et tout juste diplômée de Dauphine, pour le représenter au conseil de Mediobanca - pas vraiment une marque de respect pour le *Salotto buono*. En 2016, la presse italienne se déchaîne : « Il est en train de devenir l'homme le plus puissant d'Italie », écrit *La Repubblica* ; « Avec Bolloré, il ne faut jamais se fier aux sourires, aux poignées de main et à la cordialité », renchérit *Il Sole 24 Ore*, le quotidien économique du patronat. Et en 2018, Vincent Bolloré finit par sortir du pacte de Mediobanca, considérant ses 8 % comme un placement « flexible », sur lequel il n'a d'ailleurs fait aucune plus-value... Que s'est-il passé ?

« Vincent a connu deux campagnes d'Italie, témoigne Alain Minc, parfait connaisseur des réseaux transalpins. La première s'est faite avec Antoine Bernheim autour de Mediobanca, et l'aide de Groupama que je lui ai apportée. Elle permettra de réinstaller Bernheim à Trieste, et bloquera le système Generali, où les actionnaires avaient pris l'habitude de se servir sur les filiales. On reconnaît là le Bolloré charmeur et ferme à la fois. Et puis il y a le deuxième épisode, avec Silvio Berlusconi, que je ne comprends pas. »

Pour le décrypter, il n'y a pas meilleur guide que Tarak Ben Ammar. Le producteur franco-tunisien a une maison à Rome et à Paris, et débrouille avec force accent méditerranéen les fils entre les deux pays. Est-il « dans la tête de Silvio Berlusconi », comme l'aurait dit Vincent Bolloré ? En tout cas, il est un habitué du yacht de *Sua*

Emittenza, et c'est lui qui a fait se rencontrer le président du Conseil italien pendant une quasi-décennie (2001-2006 et 2008-2011) et l'homme d'affaires français, lors de sa première campagne. « L'Italie est ouverte à de grands entrepreneurs comme vous », a assuré le chef du gouvernement à l'actionnaire remuant de Mediobanca. Et comme pour bénir ce soutien, le *family office* des Berlusconi a investi dans la banque milanaise afin de garantir son « italianité ». Jusque-là tout va bien, et ce sera encore mieux quand, Bolloré, impressionné par l'entregent du producteur de cinéma, le fera entrer en 2015 au conseil de surveillance de Vivendi, à peine nommé à sa tête.

Un déjeuner est rapidement organisé à Paris, au siège du groupe, avenue de Friedland, réunissant, côté Bolloré, Vincent et Yannick, et versant Berlusconi, Silvio et son fils Pier Silvio, en charge de Mediaset, l'empire audiovisuel de la famille. « Un déjeuner admirable, se souvient Tarak Ben Ammar. Il y avait un désir énorme de s'associer, notamment dans la télévision payante, où Mediaset Premium marchait mal. » Et où Canal+ était en pleine révolution, avec la mise au jour par Bolloré de centaines de millions d'euros de pertes. Certes, deux antennes en crise ne font pas un bouquet gagnant. Mais au moins les synergies entre les deux plateformes pouvaient nourrir l'espoir prôné par Bolloré d'une offre latine de contenus. D'ailleurs, un nom avait même été trouvé comme ombrelle de ce « Netflix européen » : Infinity. Enfin, la très grande similitude capitalistique des deux groupes - contrôle familial, patriarche indéboulonnable, fortune de plusieurs milliards d'euros, transmission managériale engagée avec deux enfants déjà aux commandes… – avait de quoi faire rêver. Un grand accord transalpin est donc signé le 8 avril 2016 : Mediaset Premium est racheté par Vivendi sur la base de 800 millions d'euros, et comme gage d'une prochaine lune de miel Vivendi et Mediaset annoncent vouloir prendre chacun 3,75 % du capital de l'autre.

À peine quelques mois plus tard, patatras : Vivendi refuse d'honorer le contrat. Le regretté Antoine Bernheim aurait sans doute dit que « la mariée avait la vérole »… Le très policé Arnaud de Puyfontaine, président du directoire de Vivendi, a eu beau s'exprimer un peu moins cavalièrement (« Nous pensions avoir acheté une Ferrari, et nous nous retrouvons avec une Fiat Punto »), la phrase a jeté un froid à Milan. Et pourtant, elle n'était pas si loin de la vérité : Mediaset Premium, qui perdait soi-disant 70 millions en 2015, s'est retrouvé soudain sur une trajectoire de 200 millions de résultat négatif chaque année. Presque autant que Canal en France ! Un cauchemar que Vivendi ne voulait pas dupliquer. Face à cette volte-face, les Italiens attaquent pour rupture de contrat, réclament 570 millions d'euros d'indemnités, puis carrément 3 milliards… Bolloré riposte évidemment, et Vivendi se déclare en novembre « délivré de sa volonté de privilégier une solution amicale ». C'est la guerre. Et Bolloré va sortir son classique arsenal : l'attaque sur le capital.

À la veille de Noël, Vivendi annonce donc avoir pris 3 % du capital de Mediaset, puis monte à 12 % sans s'interdire d'aller à 20 %. Le groupe français s'arrêtera finalement juste en dessous de 30 %, seuil de déclenchement de l'OPA. L'investissement est somme toute limité (1,3 milliard d'euros), comparé aux énormes liquidités que Vivendi a récupérées de la vente de SFR un peu plus tôt. Mais en Italie la déflagration est immense. « Nous nous défendrons contre ce qui n'est pas une opération normale de marché, mais un grave leurre qui massacre ces mêmes lois du marché », réagit Fininvest, la maison mère de Mediaset. Silvio Berlusconi éructe dans le *Financial Times* que « Mediaset restera italien ». Et ajoute en privé : « Ils ont spéculé sur ma mort. » Car l'ex-président du Conseil avait subi un délicat quadruple pontage à cœur ouvert au moment où Vivendi a lâché les chiens. Le sujet est devenu si sensible que *La Stampa*, la voix des industriels du Piémont, prend à son tour parti : « Trahir ainsi Silvio Berlusconi, c'est trahir l'Italie. »

Tarak Ben Ammar a donc vu son beau rêve méditerranéen s'écrouler : « Cela m'a désolé, admet-il aujourd'hui. Je me suis retrouvé entre deux amis dont les fautes étaient partagées. Et au conseil de Vivendi, j'ai été le seul à dire "On ne peut pas agresser ainsi Berlusconi." D'après moi, une bonne discussion autour d'un plat de pâtes aurait tout arrangé, si Vincent était venu voir Silvio avec moi. » Et pourtant Bolloré ne l'a pas souhaité. « Je comprends, poursuit le conciliateur. Vincent est très poli, il admire Berlusconi, et il y a un peu de honte, de gêne à dire “la société que j'ai achetée, ce n'est pas tout à fait celle que tu m'as vendue”. » C'est cette même retenue qui n'a pu empêcher, selon Tarak Ben Ammar, que le départ d'Antoine Bernheim de Generali tourne à la scène de théâtre : « Là encore, j'étais entre les deux protagonistes, raconte étonnamment le producteur de cinéma. Comme j'étais au conseil de Mediobanca et de Generali, j'avais été envoyé comme messager pour dire à Antoine qu'il fallait laisser la place. Il n'y était pas opposé... à condition que ce soit Vincent qui le lui demande. Mais là encore, c'était trop dur : que le fils spirituel dise à son mentor “prends ta retraite, mets-toi de côté”, que Vincent voie les yeux d'Antoine lui dire “tu m'as abandonné” n'était tout simplement pas imaginable. » Il faut toute la sensibilité du juif tunisien et l'éclectisme du producteur de *Besoin d'amour* et *Mafia Love* pour raconter avec autant de conviction un tel scénario...

Sur le terrain des affaires, la réalité reprendra ses droits. Après trois années de procédures qui ont enrichi les avocats des deux côtés des Alpes - Berlusconi l'emportant modestement au tribunal de Milan, Bolloré gagnant haut la main à la Cour européenne de justice –, les deux parties ont cessé les hostilités le 3 mai 2021 : Vivendi va se délester de sa participation dans les cinq ans... en espérant que l'action Mediaset remonte. Car au cours du jour du communiqué, le raid se solderait par 300 millions d'euros de moins-value dans les comptes de Vivendi. Une misère à côté des milliards engrangés à l'occasion de la cotation séparée d'Universal Music. Mais une blessure dans l'amour propre du Scalatore. D'ailleurs, quand les deux *tycoons* se sont reparlé, quelques semaines après la paix des braves, ce n'est pas autour d'un plat de pâtes qu'ils se sont retrouvés...

Comment expliquer un tel échec alors que tout semblait les rapprocher ? Il y a bien sûr l'ego de deux patriarches vieillissants. Peut-être aussi que la force de l'intuition initiale - donner pour la première fois corps à ce rêve du « Netflix européen » - manquait de cohérence : la puissance de Mediaset se trouve dans la télévision gratuite, quand celle de Vivendi vient de ses chaînes payantes. Peut-être aurait-il fallu davantage prendre en compte les réticences du patron de l'international de Canal+, pas du tout enclin à racheter Mediaset Premium, qu'il savait en piteux état... « Et puis la fameuse phrase d'Arnaud de Puyfontaine [« Nous pensions avoir acheté une Ferrari, et nous nous retrouvons avec une Fiat Punto »] a fait mal et s'est ancrée dans les mémoires, estime aujourd'hui Tarak Ben Ammar. Et quand Vincent a lancé son raid alors que Silvio était sur son lit d'hôpital, toute l'Italie s'est rangée derrière Berlusconi. »

Il faut dire que les milieux d'affaires et de la politique transalpins avaient le sentiment que les Français s'offraient une *razzia* dans leur pays. Déjà, le passage de marques de prestige - Gucci, Fendi, Bottega Veneta, Bulgari, Berluti, Loro Piana... - dans les griffes de LVMH et Kering faisaient désordre. Mais depuis la reprise de BNL par BNP Paribas en 2005, les abandons de pavillon se sont multipliés dans des secteurs stratégiques : l'empire laitier Parmalat a été racheté par Lactalis (alors que Nicolas Sarkozy avait bien imprudemment promis qu'il n'y aurait pas d'OPA) ; l'électricien Edison est passé dans les mains d'EDF, une entreprise publique de surcroît ; les géants de la finance Axa et Amundi (Crédit agricole) se sont offert l'assureur MPS et le gérant de fonds Pioneer ; la banque Unicredit et, à Trieste, Generali se sont donné des patrons français ; la fusion d'Essilor et Luxottica transportait la cotation de la nouvelle multinationale de Milan à Paris... Et l'été même où Bolloré défiait Berlusconi en Italie, Emmanuel Macron cherchait des noises à Fincantieri, le numéro un mondial des paquebots, qui devait s'allier avec les Chantiers de l'Atlantique, à Saint-Nazaire !

C'est dans un pays où la question de la défense de la souveraineté est devenue épidermique que Vincent Bolloré va lancer sa troisième campagne d'Italie. Comme d'habitude avec lui, « les circonstances déclenchent des actions ». Et tout est parti, en mai 2015, de la cession de l'opérateur téléphonique brésilien GVT par Vivendi à l'espagnol Telefonica, qui lui rétrocède 5,7 % de Telecom Italia. Pourquoi ce regain d'intérêt de Vincent Bolloré, nouveau président du directoire de Vivendi, pour les télécoms ? L'année précédente, il avait laissé Vivendi se délester de SFR, cédé à Patrick Drahi pour plus de 17 milliards d'euros. Et dans son audition au Sénat, en 2016, il précise sans ambiguïté qu'il ne sera pas un nouveau Messier, l'inventeur vingt ans plus tôt de la stratégie de rapprochement entre les tuyaux et les contenus : « Nous n'avons pas vocation à devenir opérateurs de télécommunications, assure Bolloré. Je pense qu'il n'est pas souhaitable de faire à la fois le téléphone et les contenus. Je crois que c'est quasi impossible à réussir. » Alors pourquoi Telecom Italia ? Devant la même commission parlementaire, le président du directoire Arnaud de Puyfontaine précise : « Plutôt qu'une vision, c'est d'abord l'opportunité de prendre une participation dans Telecom Italia et de pouvoir distribuer nos contenus qui nous a guidés. Nous avons augmenté notre participation pour devenir le premier actionnaire de ce groupe, avec 24,9 % du capital. » Comprenne qui pourra... Qui investit près de quatre milliards d'euros simplement pour « distribuer [des] contenus »... ?

Est-ce cette version lénifiante que Vincent Bolloré a servie au palais Chigi, à Rome, siège de la présidence du Conseil italien ? En tout cas la rencontre entre Matteo Renzi et Vincent Bolloré ne s'est pas bien passée. D'un côté un jeune chef de gouvernement qui s'inquiète en plein mois d'août, alors que toute l'Italie est en vacances, de l'avenir de l'ancien monopole public et de ses soixante-six mille salariés. De l'autre un chef d'entreprise madré qui ne lui dit que la moitié de la vérité : oui, il est monté dans Telecom Italia ; oui, c'est « un investissement de long terme » ; mais, promis, l'investisseur ne réclamera pas de siège au conseil d'administration. Or que se produira-t-il à la fin de cette année 2015 ? Une révolution de palais : Vivendi impose une assemblée générale extraordinaire qui débouche sur l'entrée au conseil de quatre nouveaux administrateurs, et le limogeage du patron de l'opérateur. Renzi a été trompé.

Certes, les résultats, et le cours de Bourse, avaient chuté. Mais, là encore, pourquoi un tel activisme ? C'est de l'autre côté des Alpes qu'il faut sans doute chercher une explication. Tout d'un coup Telecom Italia devient un enjeu en France : Orange marque son intérêt pour « le plus grand des petits, ou le plus petit des grands opérateurs » ; Stéphane Richard, son PDG, le confirme, lâchant que « si Vincent Bolloré le demandait, [il] réfléchirai[t] à une fusion » ; même le turbulent Xavier Niel prend des options sur 11 % du capital de l'Italien… « Je suis allé voir Vincent pour lui proposer de faire des choses ensemble, raconte aujourd'hui le propriétaire d'Iliad-Free. Nous étions voisins dans la villa Montmorency, à Paris, et avons des relations amicales. Il m'a répondu, avec sa manière d'en faire des tonnes : "Tu es un génie, tu es le meilleur, mais moi, je ne sais pas partager." »

Le patron-actionnaire de Free abandonne donc son ticket dans Telecom Italia (« en perdant de l'argent »), et prend un autre chemin, en rachetant la licence pour devenir le quatrième opérateur mobile du pays. « Nous allons être l'un contre l'autre, lui ai-je dit, poursuit Niel. Et nous avons monté une offre très agressive et très simple, à 5,99 euros, sur un marché dur et plein d'embrouilles. Et nous avons gagné dix millions d'abonnés »
Côté français, c'est une autre difficulté qui apparaît, avec l'échec de Martin Bouygues à mener à bien en France la « grande consolidation » des télécoms. Vincent Bolloré

en tire une leçon : jamais Emmanuel Macron ne laissera une grande fortune devenir l'actionnaire de référence d'Orange.

Il faut donc trouver son salut tout seul à Milan, où Telecom Italia est *« un navire sans gouvernail »*, de l'aveu même d'Arnaud de Puyfontaine. C'est ce moment que choisit le fonds activiste Elliott pour s'intéresser à l'opérateur et prendre 9 % du capital. Pendant des mois, il rendra la vie impossible à Vivendi pour lui disputer le contrôle. Le paroxysme sera atteint dans les jours qui précèdent l'assemblée générale de mai 2018 avec échange ravageur de communiqués inouïs. Florilège, côté Elliott... Apprenant la mise en examen en France de Vincent Bolloré, le fonds activiste attaque *ad hominem* : « C'est juste le dernier exemple d'un bilan composé de conflits, de la poursuite d'intérêts propres, et même de problèmes plus graves relevant potentiellement de la criminalité de la part de ceux qui demandent qu'on leur fasse confiance pour conduire Telecom Italia. »

Le 4 mai, la bataille d'actionnaires se conclut par la victoire d'Elliott, d'une encolure : avec 49,8 % (contre 47,2 % à Vivendi), l'opposant fait entrer dix administrateurs au conseil, et prend les rênes de l'entreprise, avec la bénédiction de la Caisse des dépôts locales, la Cassa depositi e prestiti. « Ce fut une humiliation totale, commente un autre activiste. Vivendi s'est pris l'establishment et le pouvoir dans la tronche. » Le quotidien économique *Il Sole 24 ore* fait un constat plus sobre, mais tout aussi dévastateur : « C'est le premier cas en Europe où un fonds activiste avec la mobilisation du marché arrive à jeter dehors un actionnaire de référence suffisamment puissant pour avoir le contrôle de fait. » Pendant un an, la baston va se poursuivre, comme dans ce communiqué de Vivendi, en septembre : « Les performances boursières de Telecom Italia sont dramatiques : le cours de Bourse a perdu environ 35 % depuis le 4 mai. La nouvelle gouvernance est défaillante : la propagation de rumeurs provoque des dysfonctionnements nuisibles à la bonne marche et aux résultats. » Et il faudra toute l'habileté de Puyfontaine, redevenu diplomate, pour baliser un chemin d'entente.

Mais à quel prix ? Depuis l'arrivée de Vivendi dans son capital, Telecom Italia a perdu les deux tiers de sa valeur – une dégringolade deux fois plus accentuée par exemple que celle d'Orange au Cas 40 –, et les comptes de Vivendi sont sous la menace d'une nouvelle moins-value de 1 milliard d'euros, après avoir déjà provisionné une décote de 800 millions. Face à un nouveau rebondissement en novembre 2021 – une tentative d'OPA du fonds américain KKR sur l'ex-monopole d'État –, Vivendi ne sait pas trop quelle position choisir : en profiter pour limiter sa perte ou persévérer dans sa positon d'« actionnaire de long terme », comme le rappelle un communiqué. « Aujourd'hui, Vincent doit peut-être penser qu'ensemble nous aurions créé davantage de valeurs », persifle Xavier Niel, qui n'a pas dit son dernier mot. Une chose est sûre : de l'autre côté des Alpes, la machine à fabriquer des milliards de Bolloré n'a clairement pas fonctionné. « Les Italiens vous accueillent les bras ouverts, note une Française qui a travaillé pour eux. Mais ils sont tellement pervers. »

« Il a pourtant été le roi de l'Italie, regrette Alain Minc. Quand il contrôlait les conseils de Mediobanca et de Generali, il disposait d'une puissance de feu incroyable. »

« Oui, mais Bolloré est resté sur de vieux schémas, objecte un ancien de Lazard. Mediobanca ne s'est vraiment jamais remis de la mort de Cuccia. Et il a manqué à Vincent quelqu'un pour le conseiller. S'attaquer à un ancien président du Conseil, resté près de dix ans au palais Chigi, c'était pure folie ! » À l'appui de cette thèse, un investisseur partenaire de Bolloré à ses heures, passionné de foot et habitué du stade San Siro, constate : qui a réussi à vendre le Milan AC de Berlusconi près de 1 milliard d'euros à des investisseurs chinois ? Elliott, le pire ennemi de Bolloré en Italie. Et quand ? En avril 2017, juste avant le déclenchement de l'offensive sur Telecom Italia. Avec le soutien de Sua Emittenza ?...

VIII

Le menteur

Le premier coup de fil avant l'attaque - La jurisprudence Pouzilhac - Les vérités successives - Le lâchage de Méheut - L'administrateur manipulateur - « Les conditions extrêmement agréables » des licenciements - « Une grande maison mérite un peu de terreur » - Bolloré, le solipsiste

C'est la dernière scène de l'acte II du *Caligula* de Camus. « Tous les hommes ont une douceur dans la vie, cela les aide à continuer, c'est vers elle qu'ils se retournent quand ils se sentent trop usés », philosophe le jeune Scipion, avant de demander au tyran romain : « N'y a-t-il rien dans la tienne qui soit semblable, l'approche des larmes, un refuge silencieux... ? » Et Caligula de répondre : « Si pourtant. Le mépris. » Comparer Bolloré à Caligula, l'un des plus sanguinaires dictateurs de la Rome antique, c'est quand même osé, lance-t-on à notre interlocuteur, aussi expert dans la finance du Cac 40 que dans l'analyse psychologique des patrons qui le composent, au point d'avoir écrit un polar à clés, qu'il diffuse sous le manteau à ses amis. Quand il s'agit de croquer Vincent Bolloré, *alias* « Lebreton », il en dessine dans sa fiction un portrait glacial : « Pour en revenir à Lebreton, il ne ment pas à proprement parler. Il dit ce qui lui paraît opportun sur le moment. Ce que ses interlocuteurs veulent entendre. C'est tellement mieux de dire à chacun des choses agréables. Il est charmant, mais au fond complètement indifférent aux autres, et ne poursuit jamais que son propre intérêt, personnel ou dynastique. Chez lui, le mensonge est une marque de courtoisie, une forme d'élégance dans les rapports sociaux. »

Car, tout Paris le sait, Vincent Bolloré a toujours sa propre vérité. Depuis le raid sur Delmas Vieljeux en 1989 *(« Je vous jure mon cher Tristan, que je n'ai acquis aucune action »)* jusqu'à la dernière tentative de prise de contrôle sur Ubisoft en 2016 (*« Un simple placement de liquidités »*, aurait-il assuré aux frères Guillemot), la première approche est toujours une réplique de théâtre. Le magazine *Challenges* avait eu l'idée savoureuse (pour le lecteur), douloureuse (pour les impétrants) de leur faire raconter leur propre expérience avec le menteur Bolloré, à la fois unique et répétitive. Et c'est Martin Bouygues, PDG du groupe familial, qui en a fait la confession la plus sincère : « Je revenais d'un voyage en Afrique. Le 9 décembre 1997, Vincent Bolloré m'appelle. "Cher Martin, me dit-il, j'ai une formidable image de ton groupe, je viens de ramasser 8,7 % du capital en Bourse." Il disait sa démarche amicale, ne cessait de dire "mon copain Martin" - alors que nous n'avions passé qu'une année de classe ensemble en primaire ! Jusque-là tout allait bien. Mais voilà qu'au printemps

1998 Bolloré émet des doutes sur notre stratégie, notamment dans le téléphone, et sans jamais m'en avoir parlé auparavant ! En avril, il a même menacé de ne pas approuver les comptes, faisant pression sur les administrateurs... Et tout en continuant à ramasser des actions en Bourse, pour atteindre les 12,4 % du capital. [...] Bolloré m'a pris pour un con. Mais je ne me suis pas laissé faire ! Dans toute cette affaire, il s'est comporté comme un voyou. Il m'a roulé, trompé, humilié. Je n'oublierai jamais. »

Trois opérations financières - Pathé, Lazard, Vallourec - et sept ans plus tard, Alain de Pouzilhac, alors PDG d'Havas, a connu la surprise du coup de fil, donnant, lui aussi, au premier abord, le bénéfice du doute au raider : « C'était le 20 juillet 2004. J'étais au siège d'Havas, à Suresnes, lorsque Vincent Bolloré m'appelle - il était, je crois, sur son bateau, en croisière. Il m'a tutoyé d'emblée. "Alain, me dit-il, je trouve Havas sous-évalué, mais en voie de redressement. J'en ai profité pour acheter, sans dépasser les 5 %." Sur le coup, j'étais agréablement surpris qu'un investisseur de sa réputation s'intéresse à nous - c'était un gage de confiance, après une année 2003 terrible. Voire une chance pour Havas, qui souhaitait un actionnaire stable. Au départ donc, sa démarche me paraissait positive. À tel point que, étudiant notre candidature à la reprise de l'Américain Grey, j'ai jugé bon de l'en informer. Il m'a aussitôt répondu : "Je ne veux rien savoir, pour ne pas être initié, et continuer à ramasser des titres en Bourse." Ce qu'il a fait. Depuis, nous nous sommes rencontrés à quatre reprises, avec Vincent Bolloré, mais impossible d'en savoir plus sur ses intentions. Je ne sais toujours pas s'il est un raider, avec 20 % de Havas, qui compte dépecer ou vendre l'entreprise, ou un industriel qui veut créer un grand pôle médias. Tente-t-il de prendre le contrôle de la société, sans en payer le prix ? Pas question ! Je n'en fais pas une question de personnes – investir quelque 300 millions d'euros dans Havas, c'est très respectueux. »

Aujourd'hui, le langage a changé : « Bolloré ? Une crapule », résume l'ex-PDG, qui s'est fait débarquer mi-2005, six mois après cette interview bien ingénue, et une assemblée générale d'Havas restée dans les annales. Chez Lagardère, la dernière marche gravie « pour créer un grand pôle médias », le constat dressé est plus civil, au moins dans la forme : « Avec Bolloré, tout ce qui n'est pas absolument interdit – et puni – est autorisé, et peu importe si cela entraîne de la réprobation », résume un administrateur, qui explique comment le conseil s'est convaincu que Bolloré lui a menti : « Quand il nous dit "je suis à 3 % du capital et je m'arrête à 6", il est déjà à 9 %. Quand on lui demande des explications, il est passé à 11 %. On le lui fait remarquer, et il nous répond : "Pas d'inquiétude, je m'arrête à 15." Résultat, il est finalement à 29,9 % ! »

Doit-on s'en émouvoir ? « Tout le monde connaît ses mensonges, il ne faut pas être naïf », tranche Denis Kessler, qu'on a connu plus attentif à la bonne gouvernance. Et le très procédurier président de Scor était administrateur de Bolloré quand, dans une affaire mineure, son ami Vincent s'est trouvé en délicatesse avec des minoritaires lui reprochant de les avoir trompés. L'affaire est allée en justice : et après que la cour d'appel de Versailles eut considéré peu ou prou que le mensonge faisait partie intégrante du business, à l'inverse de la première instance, dès lors que ces actionnaires étaient des « professionnels avertis », la Cour de cassation estimait, elle, que Bolloré avait commis « une faute » en délivrant « des informations tronquées où mensongères ». Conclusion laissée au cynique inventeur du personnage de Lebreton dans son roman dévastateur : « C'est le roi de l'optionnalité, surtout quand l'option est gratuite, ce qui est le b.a.ba de la finance. » Bref comme dit un banquier d'affaires qui le connaît par cœur : « Vincent ne ment jamais. Il a sa propre vérité. » Et il pourrait même ajouter qu'elle est évolutive, au gré des circonstances...

Dans la vie quotidienne, le mensonge n'a pas grande importance, depuis que l'on sait que les hommes mentent six fois par jour (deux fois plus que les femmes), selon une étude de la 20th Century Fox, à l'occasion de la sortie du film *Lie to Me*... Pour le commun des mortels, cela va du « pas de problème, tout va bien » (mensonge n° 1 des hommes, incapable d'admettre un « coup de mou ») au « chèque qui est au courrier », en passant par l'ineffable « attention, mon portable va couper, je passe dans un tunnel »... Pour Bolloré, les petits mensonges urbains peuvent laisser davantage de traces, par exemple quand il a présenté à son conseiller Antoine Bernheim son investissement dans Bouygues comme

« un simple placement de trésorerie », parce qu'il savait le banquier madré également lié au champion français du BTP et des télécoms. Ou qu'il assure devant une demi-douzaine de journalistes que Bertrand Meheut, alors PDG de Canal+, est son « meilleur ami », alors qu'il l'exécutera deux mois plus tard. Ou encore quand il avance que la batterie de la Mini électrique du prince Albert de Monaco, d'une technologie concurrente à celle de sa Bluecar, a pris feu, ravageant le garage de la Principauté. Ce qui n'était que pure invention, si l'on en croit la communication du Rocher...

Parfois, il en fait des tonnes : croisant par hasard Éric Giuily, l'ancien président de la Compagnie générale maritime, qu'il avait connu vingt ans plus tôt quand l'armateur Delmas faisait encore partie du groupe Bolloré, Vincent stoppe sa Mercedes, qu'il conduit lui-même, descend de la voiture, le salue et conclut par un « Il faut que l'on se voie, appelle ma secrétaire. » Et puis rien... Rien également pour ce futur dirigeant, pourtant jugé « épatant » par Vincent, lequel ne votera pas pour lui le jour du conseil pour le porter à la tête d'une filiale dans un groupe sous influence Bolloré. Rien non plus pour ce professionnel des médias au chômage, auquel le futur *tycoon* avait promis, croix de bois croix de fer, un CDI bien garni. De toute façon, petits et grands mensonges n'ont pas beaucoup d'importance pour ledit *tycoon* : catholique pratiquant à l'ancienne, il ne semble guère admettre les vertus réparatrices de la confession ; un *Pater* et deux *Ave*, l'absolution est acquise, et la vie et ses contorsions peuvent reprendre leur cours.

Quand il y a urgence, Bolloré sait agir avec un peu moins de désinvolture et un peu plus de brutalité. Ce fut le cas à l'été 2013, alors qu'il n'était qu'actionnaire à 5 % de Vivendi. Le conseil de surveillance avait lancé une mission de recrutement pour le poste de patron opérationnel, en jachère depuis le départ abrupt de Jean-Bernard Lévy, et Jean-René Fourtou, qui le présidait, avait porté son choix sur l'Allemand Thomas Rabe. Attiré par Paris, le numéro un de Bertelsmann semblait en effet prêt à lâcher l'empire germanique de la communication pour son concurrent français. Le sujet était évidemment totalement confidentiel, et le manager contacté s'était bien gardé d'évoquer avec son employeur la proposition reçue d'un chasseur de tête. Peu importe le secret : « Vincent a attaqué par presse interposée sur le thème "Fourtou veut vendre Vivendi aux Allemands" », se souvient un membre du conseil. En réalité, il est allé plus loin encore, comme le raconte le proche de François Hollande Bernard Poignant, dans le livre *Vincent tout-puissant* (JCLattès, 2018). Poignant, c'est l'allié de toujours : député PS puis LREM du Finistère, attentif aux efforts de Bolloré pour maintenir l'emploi en Bretagne, il est la courroie de transmission parfaite avec la classe politique de gauche ; en 2013, il est installé à l'Élysée, et organise un déjeuner entre le président, l'industriel et Emmanuel Macron, alors secrétaire général adjoint. Autour de la table, l'actionnaire de Vivendi n'y va pas par quatre chemins : « Vivendi doit rester français, avec son siège social en France, et je suis le seul à pouvoir le garantir », aurait argumenté Vincent Bolloré. Avec sans doute suffisamment d'écoute pour se sentir autorisé, deux semaines plus tard, à faire fuiter dans la presse l'hypothèse du recrutement de Rabe, qui fera long feu. Quant à François Hollande, il donnera son onction présidentielle à l'entrepreneur, en allant inaugurer le 20 septembre 2013 en Bretagne son usine de batteries afin de fournir les milliers de véhicules électriques du projet Autolib', promu par la maire socialiste de Paris, Anne Hidalgo, et gagné par Bolloré. Cette conversion à l'autopartage lui a même valu une saillie pleine d'humour du chef de l'État : « Vous ne saviez pas que vous étiez en train de faire le socialisme »... Du grand Hollande.

En matière de communication aussi, Bolloré n'est pas manchot. Et comme un certain Emmanuel Macron, il aime aller « au contact », non sans courage, et avec un solide sens de l'autodérision. « Alors racontez-moi ce que je peux faire pour vous ? Qu'est-ce que j'ai fait de mal ? » demandait-il, toujours en 2013, à des syndicalistes africains, massés devant la tour Bolloré, le jour de l'assemblée générale des actionnaires, pour attirer l'attention sur les conditions de travail dans les plantations au Cameroun dont le groupe est partie prenante. Ou deux ans plus tard, quand il fait face, à l'Olympia, à une assemblée hostile de salariés de Canal+, déstabilisés par la mise à l'écart soudaine d'une vingtaine de leurs dirigeants. Face à ce public sur la défensive, voici qu'il se lance dans un stand-up, rejouant à sa manière son autoparachutage à la tête de la chaîne cryptée : « Il y a un psychopathe qui est arrivé dans une pension de famille... Le psychopathe, c'est moi, et la pension de famille, c'est vous. Et le psychopathe, sans exactement savoir pourquoi, tue régulièrement un certain nombre de gens. » La « pension de famille » découvrira plus tard, sans jamais vraiment y croire, que le gîte et le couvert auront coûté cette année-là, en résultat négatif de Canal+ France, la bagatelle d'un quart de milliard d'euros !

C'est ce genre de (mauvais) chiffres que Vincent Bolloré sait utiliser à point nommé. Ceux d'Havas, par exemple, quand il a pris le pouvoir en 2005 face aux petits porteurs qui le sifflaient copieusement. « Ayez l'intelligence, et le courage, d'écouter ! » lançait le raider, en désignant les dirigeants aux actionnaires : « Quand je les entends parler de publicité, c'est fantastique. Mais quand je les entends parler de chiffres, excusez-moi mais là j'ai quelques doutes. » Et dans un mouvement jamais vu au cours d'une assemblée générale, il continue sur sa lancée, développe son projet, grimpe sur l'estrade, retourne la salle, fait voter ses résolutions, et se retrouve au conseil d'administration. Un spécialiste trotskiste de l'agitprop n'aurait pas fait mieux.

Ce jour-là chez Havas, l'opportunisme et le charisme de Bolloré ont fait pencher la balance, et lui ont ouvert le premier passage dans le monde des médias. À l'inverse de son échec chez Bouygues, quand il convoitait TF1 et voulait se séparer des télécoms – qui dévoraient tant d'investissements et n'étaient prétendument pas amortis selon les règles. À cette occasion, l'attaque avait été solidement documentée par René Ricol, proche de Bolloré certes mais surtout expert-comptable, et ancien président très respecté de l'Ordre. « En l'état, sauf à engager leur responsabilité, les administrateurs de Bouygues ne peuvent accepter l'arrêté des comptes 1997 tel qu'il leur est présenté », avait conclu l'homme des chiffres. Bolloré s'était appuyé sur ce diagnostic pour envoyer une lettre de quatre pages aux administrateurs fustigeant « ce projet d'arrêté des comptes inacceptable ». Fureur de Martin Bouygues, qui jugea cette lettre « infamante » après l'avoir lue en conseil, et s'appuya sur cette tentative d'intimidation pour sonner le rappel de ses alliés. Six mois plus tard, Vincent Bolloré, dans un corner, revendait sa participation dans Bouygues à François Pinault, non sans avoir fait une plus-value de 1,5 milliard de francs. Comme dit son ami Claude Bébéar, admiratif de sa capacité à changer de stratégie : « Vincent est conscient de sa force... et de ses limites. »

Depuis l'épisode Bouygues, la fortune de Vincent Bolloré a été multipliée par plus de trente. Est-ce cette réussite exceptionnelle, l'âpreté du monde des médias où il s'est installé au premier rang, ou tout simplement son caractère transgressif qu'il n'a plus besoin de brider, qui donnent désormais un sentiment différent - le sentiment que Bolloré se moque de la critique et des usages du microcosme ? Autrement dit, et contrairement à ce que pense Bébéar, Bolloré est-il devenu *« no limit »* ? « Bolloré est un solipsiste », éclaire l'inventeur de Lebreton. Solipsisme ? « Conception selon laquelle le moi, avec ses sensations et son sentiment, constitue la seule réalité existante dont on soit sûr », précise le Larousse. Et l'on retrouve effectivement dans cette définition le Bolloré illisible et qui décide de tout, le raider impénitent qui lance ses opérations en pianotant seul sur son portable, le dirigeant qui méprise par son absence toutes les instances du groupe mais est bien présent sur la passerelle, dans son bureau du sixième étage de Vivendi... Et parfaitement silencieux dans les médias depuis presque cinq ans. « De tous les patrons que j'ai eus, c'est celui qui est le moins sensible à son image, constate le responsable de la communication d'un des satellites de l'empire. Il a une notion du temps qui lui est si propre et qui fait que rien ne l'affecte. »

En tout cas, s'il fallait trouver trace de comportement *« no limit »*, le règne du Bolloré, devenu *media mogul*, en témoigne à foison. Et la prise du pouvoir à Canal+, à l'été 2015, en est un épisode emblématique. En deux séances d'anthologie, avant et après les vacances, Vincent Bolloré décapite l'état-major de la chaîne cryptée, depuis Bertrand Meheut, le PDG, et son adjoint Rodolphe Belmer jusqu'aux patrons du cinéma, des sports, des chaînes gratuites, de l'info à iTélé, en passant par la secrétaire générale et la DRH... « La haute direction d'une grande maison mérite un peu de terreur, un peu de crainte », répondra Bolloré à un syndicaliste s'inquiétant, en comité d'entreprise, de la brutalité des départs. Il faudra presque une année pour que les interrogations grimpent jusque dans les allées du Parlement, où l'état-major de Bolloré sera auditionné par une commission d'enquête du Sénat : « C'est malheureusement un fait, les résultats de l'exercice 2015 de Canal+ enregistrent une perte de plus de 260 millions d'euros, détaille alors Vincent Bolloré, dont ce sera la dernière apparition publique. Qu'avons-nous fait ? Nous n'avons pas engagé de plan social. Sur les huit mille collaborateurs du groupe Canal+, nous n'avons changé que vingt et un dirigeants, qui ont bénéficié de conditions financières extraordinairement agréables. Je comprends tout à fait l'émotion des passagers d'un avion qui apprennent qu'il n'y a plus de kérosène et qu'il faut remettre de l'essence, alors qu'ils pensaient que tout allait bien. Je comprends l'émoi. Il y a toujours quelque chose d'intéressant à retirer des critiques, même des plus désagréables. Je viens de l'Ouest, là où l'huître, sous le citron, bouge, même si l'huître reste l'huître. Mais je ne peux malheureusement pas, en tant que responsable, fermer les yeux sur une telle situation. Je pense que les gens ont crié au loup, parce qu'ils ne veulent pas faire la diète ! Pourquoi ma popularité n'est-elle pas très élevée chez Canal ? Tout simplement parce que nous avons réduit les trains de vie ! »

Ce dernier constat est si vrai que l'onde médiatique atteindra son paroxysme en mai 2016, quand la traditionnelle transhumance de la chaîne cryptée au Festival de Cannes, dont Canal assure à grands frais la couverture depuis des années, sera touchée par le plan de redressement. Le président de Vivendi décide cette fois-ci de réagir dans la presse, et reçoit donc successivement dans la salle à manger du septième étage de

Vivendi les rédactions des *Échos,* du *Financial Times* et de *Challenges.* La description de la réalité est plus abrupte que devant les parlementaires. La purge ? « En tout, vingt-trois dirigeants en deux cent cinquante jours, qui étaient dans le déni : Canal+ France allait perdre 400 millions en 2016 sur 1,5 milliard de chiffres d'affaires ! » Meheut ? « Il servait ces résultats. Cela fait trois ans que Fourtou voulait le virer. » Les programmes ? « Ils ont vingt ans et sont vieux. Quand on commence à dire la vérité, on s'attire les foudres de la communauté. » Et cela n'a effectivement pas cessé, malgré toutes les tentatives de convaincre du bien-fondé de sa stratégie de rupture. On est bien loin de la comparaison chère à Vincent Bolloré : « Quand vous débarquez quelque part, c'est comme dans un téléphérique : au début, les gens se bousculent, ronchonnent, mais finalement tout le monde monte dans la benne, trouve sa place, et en route vers les cimes. » À Canal, le voyage restera chaotique, en tout cas au plan médiatique, parce que la chaîne est devenue un totem. Et parce que Vincent Bolloré, qui justifiait jusqu'ici son discours musclé par la rationalité économique, bascule dans l'ivresse de l'exercice du pouvoir éditorial. « Je viens de comprendre enfin l'utilité du pouvoir, peut-on lire dans *Caligula* (acte I, scène IX). Il donne ses chances à l'impossible. Aujourd'hui, et pour le temps qui va venir, la liberté n'a plus de frontières. »

Installé dans le bureau de Bertrand Meheut, son « meilleur ami » qu'il a exécuté, Bolloré se déchaîne : à l'été 2015, il fait déprogrammer un documentaire commandé par l'émission « Cash investigation » : « Évasion fiscale : enquête sur le Crédit mutuel » – il a été depuis diffusé par France 3. Raison invoquée ? « La direction tient avant tout à défendre les intérêts du groupe Canal+ et estime qu'il est donc préférable d'éviter certaines attaques frontales ou polémiques à l'encontre de partenaires contractuels ou futurs. » Dans la foulée, le président de Vivendi renoue avec son grand plaisir de Direct 8 – la confection des plateaux télé. Le voici qui redessine la vitrine de la chaîne, « Le Grand Journal », et impose Maïtena Biraben comme animatrice, avant de la licencier un an plus tard, devant ses piètres résultats d'audience, et pour « faute grave » – le licenciement a été depuis requalifié « sans cause réelle et sérieuse » par la cour d'appel de Versailles, et Canal condamné à verser 3,5 millions d'indemnités à l'animatrice.

L'enchaînement des procédures judiciaires ces années-là donnent le vertige : la chaîne France 2, qui a diffusé en 2016 dans sa série « Complément d'enquête » un document titré *Vincent Bolloré, un ami qui vous veut du bien ?*, se voit assignée devant le tribunal de Paris en réparation d'un préjudice commercial que Bolloré évalue à 50 millions d'euros ; début 2017, les auteurs qui travaillent sur le livre *Vincent tout-puissant* sont sommés par exploit d'huissier de ne plus tenter d'entrer en contact « avec les présidents du directoire et du conseil de surveillance de Vivendi, et/ou tout cadre de Vivendi et de Canal+ » sous peine d'avoir à payer 700 000 euros de dommages et intérêts pour le préjudice causé à la société... Le temps n'est plus où « le Petit Prince du cash-flow », exaspéré par un titre de

L'Express (« Bolloré loup de mer ») entachant son image d'entrepreneur premier communiant, avait transformé un déjeuner avec la rédaction économique du magazine à la tour Bolloré en une séance de rééducation à la bolchevique, avant de retrouver son calme, les journalistes menaçant de quitter la table. Depuis dix ans, à l'inverse, c'est un festival d'actions judiciaires qui ne s'arrêtent jamais : une vingtaine, selon l'auteur de *Vincent Bolloré, un ami qui vous veut du bien ?...*

Certes les journalistes ne sont pas au-dessus des lois, et le droit à l'information est justement équilibré dans les textes par la condamnation en cas de diffamation. Et si le secret des sources est acquis aux organes de presse, ils doivent évidemment être capables de prouver l'exactitude de toutes les informations publiées dans un article ou un documentaire télévisé. À propos du « Complément d'enquête » attaqué, la bataille juridique s'est concentrée sur l'âge d'un jeune Camerounais travaillant dans les plantations d'huile de palme dont Bolloré est actionnaire : était-il mineur, comme avancé dans le reportage, avec toute l'opprobre naturellement attachée au travail des enfants ? Ou avait-il 18 ans, comme le soutiennent les associés de Bolloré ? À la justice de trancher. Mais si Vincent Bolloré veut faire un exemple de ce film, c'est qu'il contient aussi plusieurs séquences sur sa manière *hard* de faire le ménage. Car les licenciements à la mode Bolloré ne sont pas tous effectués dans ces « conditions financières extraordinairement agréables » soulignées au Sénat par le « vrai » patron de Canal+. Bien sûr, à Havas, Pouzilhac s'est vu offrir un pactole : « Alain, pour toi, c'est cinq millions d'euros », lui a proposé le raider au téléphone. Mais pour ses collaborateurs, tels Alain Cayzac et Jacques Hérail, ce fut plutôt le licenciement pour faute grave. Explication de Philippe Wahl, actuel président de La Poste, alors appelé par Bolloré pour « sortir de l'ornière » l'agence de publicité : « Les dirigeants avaient des "clauses de conscience" leur octroyant des indemnités déraisonnables au vu de la situation financière d'Havas. Vincent, simplement, n'a pas voulu les payer. »

Mais là encore, Bolloré est allé trop loin : sur les treize procès intentés par les cadres d'Havas licenciés, il en a perdu... treize. Et dans le fameux documentaire attaqué, Hérail, le directeur financier viré, évoque « les neuf heures de perquisitions, les quarante-deux heures de garde à vue » que lui avaient valu les accusations, finalement balayées par la justice, d'« abus de biens sociaux, complicité et recel »... Comme le dit Caligula après une exécution : « Ce que j'admire le plus, c'est mon insensibilité. »

IX

L'entrepreneur

L'héritier bâtisseur - La théorie des dix paniers - Tesla ou têtu : l'incroyable pari des batteries - La finance au service de l'industrie - Des actifs mais pas d'affect - Des yes-men mais pas de Nobel - Un patriarche cocardier

Quand *Challenges* a créé, en 1995, son classement annuel des 500 fortunes de France, Vincent Bolloré y apparaissait à une modeste 157ᵉ place, avec un patrimoine professionnel de 585 millions de francs, pas même l'équivalent de 100 millions d'euros. Il avait alors redressé l'entreprise familiale, pris pied en Afrique, et raflé l'armateur Delmas-Vieljeux. Mais le groupe était très endetté, et il avait fallu faire appel à un financier respecté - Bernard Ésambert, ancien conseiller industriel de Georges Pompidou - pour calmer les inquiétudes de la vingtaine de banques qui surveillaient leur ligne du compte Bolloré comme le lait sur le feu. À la dernière édition de ce classement des ultra-riches français, Bolloré pointe à la 14ᵉ place, avec une fortune de 8,2 milliards d'euros. Et encore cette estimation ne tient-elle pas compte de la « distribution exceptionnelle en nature » des 8 milliards d'euros tombés à l'automne 2021 dans les caisses du conglomérat, après que Vivendi eut décidé de coter séparément sa pépite Universal Music.

Si cette publication annuelle des « 500 » est bien ce qu'elle ne devrait jamais cesser d'être - un indicateur de la performance des entrepreneurs -, celle de Vincent Bolloré est exceptionnelle. Bien sûr, rien à voir avec la réussite de Bernard Arnault, le numéro un français, et un des hommes les plus riches du monde grâce à la force globale de la cinquantaine de marques de LVMH. En réalité leurs succès reposent sur des ressorts bien différents. Arnault s'est concentré sur le secteur du luxe, avec quelques incursions ailleurs sur sa cassette personnelle (distribution, technologies, *private equity*, presse...). Bolloré a une approche beaucoup plus opportuniste, et parfois extravagante dans ses choix d'investissement, mais l'unité de compte y est désormais également en milliards d'euros : 3 milliards d'euros de plus-value sur Vallourec, qu'il a dépensés en titres Vivendi pour en devenir le premier actionnaire ; mais aussi 3 milliards consacrés à un projet de batterie qui aurait pu faire de lui l'Elon Musk français... mais qui n'a jamais rapporté le moindre profit !

« Vincent est un entrepreneur hors pair », résume d'emblée Jean-Guy Le Floch, qui a passé une dizaine d'année à ses côtés, et pas les plus faciles, celles où les échéances bancaires étaient tendues. « Il possède une hardiesse qu'on croise rarement, très avant-gardiste, et pourtant ses prises de position, qui paraissent friser l'insolence, représentent toujours un risque limité. Il garde une vision très claire de l'impact de ses décisions sur le cash-flow. » Sans doute un réflexe hérité de ses dix années de banquier, passage largement plus formateur que son DESS de droit, bûché le soir à Nanterre. Claude Bébéar, le fondateur d'Axa, qui s'y connaît en matière d'esprit d'entreprise, n'y va pas non plus par quatre chemins : « J'aime son côté conquérant. Et sa très grande capacité d'adaptation. »

Le côté conquérant est apparu dès 1981, quand il a lancé, avec son frère, Michel-Yves, le sauvetage de l'entreprise familiale. « J'étais l'outsider, a confié Vincent à son biographe Jean Bothorel. Ma démarche intriguait, elle avait quelque chose d'un peu fou. Mon attitude offensive, qui ressemblait davantage à un coup de sang qu'à une décision froidement nourrie, allait emporter l'adhésion. » Le virage africain, avec le rachat de la Scac, et l'offensive contre l'armateur Delmas-Vieljeux – totalement contraire aux mœurs de l'époque – témoignent également très tôt de la volonté de lancer de nouvelles aventures dans des secteurs peu courus. Une succession de mouvements que Bolloré théorisera dans les années 1990 par le principe des « dix paniers » : le groupe s'est construit sur une dizaine de branches (film plastique, activité portuaire, armement maritime, logistique pétrolière, tubes plastiques, tabac, plantations...), entre lesquelles il y a peu de synergies – sauf l'Afrique –, mais qui sont capables de s'épauler en cas de mauvaise fortune de l'une ou l'autre. Une mesure de précaution pour éviter l'accident industriel qu'avaient connu son père et ses oncles avec la papeterie familiale.

La montée en puissance dans les médias, surtout au travers de Vivendi, dont il est devenu dès 2015 l'actionnaire de référence, allait changer fondamentalement le profil de risque que Vincent Bolloré souhaitait donner à son groupe : désormais, et jusqu'à la sortie de la musique du périmètre de Vivendi, la communication représente les deux tiers de son chiffre d'affaires, et les trois quarts de son résultat. Cette nouvelle configuration est un parfait reflet de la « capacité d'adaptation » que prête Bébéar à son ami conquérant. Car, dans le même temps, Bolloré s'est débarrassé du tabac, et surtout des navires de Delmas, qui lui avaient coûté tellement d'énergie, d'argent, et de capital de sympathie. « Vincent perçoit les signaux faibles, il a une bande passante différente de celle des autres entrepreneurs pour saisir à quel stade du cycle on se trouve », souligne Denis Kessler, le président de Scor, qui l'a vu opérer depuis le conseil d'administration de Bolloré, où il a siégé dix ans, et dont l'analyse s'appuie toujours sur son passé de docteur en économie. Il avait remarqué qu'après le boom du transport mondial, lié à l'adhésion de la Chine à l'Organisation mondiale du commerce, les commandes de navires avaient été trop nombreuses, et anticipé que le marché allait se retourner. Il en a profité pour revendre Delmas à la CGM en 2006. « Comme j'aime le dire, un bon entrepreneur est d'abord un bon cycl[e]-iste ! » Philippe Wahl, le patron de La Poste, qui avait rejoint Bolloré pour redresser Havas, parle un peu pompeusement d'une « ductilité stratégique exceptionnelle ». Mais c'est aussi plus classiquement un patron près de ses sous : « Quand il installe en 2008 le plateau de sa télévision Direct 8 au rez-de-chaussée de la tour Bolloré, c'est un moyen pour lui de surveiller les dépenses », note Kessler, admiratif de la double conduite développeur-consolidateur.

Le conseiller de l'élite Alain Minc, qui le connaît par cœur, et en a une vision plus sociologique, écrivait quant à lui « Vincent Bolloré appartient à l'évidence à la cohorte des entrepreneurs », dans un numéro spécial de *Challenges* consacré en 2008 aux « 100 qui font la France ». « Avec des traits communs de la tribu qu'il pousse jusqu'au paroxysme. Plus corsaire, car il ajoute à la confiance en soi du *tycoon* la décontraction du fils de famille, de sorte que rien ne lui fait peur. Cet hybride du Petit Prince et de Machiavel ne croit pas aux interdits, et refuse l'idée même de l'impossible. Ces paradoxes font de Vincent Bolloré un "ovni" dans un système capitaliste dont il respecte les codes mais ignore les pesanteurs. » Minc est - bien - payé pour le savoir. Car pendant dix ans le tandem qu'il a formé avec Bolloré a joué avec « les pesanteurs du système ». Et s'est régalé. Les raids successifs sur Bouygues, Pathé, Lazard, et le pari sur Vallourec ont rapporté 4 milliards d'euros de plus-value à leur initiateur. Mais « les plus-values ne se décrètent pas, c'est un coup de chance », minimisera évidemment l'entrepreneur, toujours soucieux de mettre en avant sa casquette d'industriel, notamment devant la commission d'enquête de l'Assemblée nationale, poussée par les syndicats, et qui l'interrogera fin 1999 sur les fondements de sa stratégie.

« Bolloré n'est pas seulement un homme de coups », atteste encore aujourd'hui Bernard Ésambert, qui avait été nommé un moment « président du groupe ». Si « ce titre n'avait pas grand sens avec quelqu'un comme Vincent », cela a permis au banquier venu d'ailleurs d'apprécier les qualités de pilote de conglomérat de l'homme d'affaires : « Les dirigeants de Bolloré étaient des bons professionnels dans chacun de leur métier. On n'avait pas forcément envie de déjeuner avec eux tous les jours, mais Vincent les voyait une fois par semaine, car c'est eux qui assuraient l'essentiel des cash-flow du groupe. » Ésambert n'est pas le seul à souhaiter corriger l'image trop financière et opportuniste de Bolloré. Le Breton Jean-Guy Le Floch garde en mémoire le choix de se lancer dans les films plastiques pour continuer à assurer l'emploi dans l'usine d'Ergué-Gabéric. Et, plus près de nous, Claude Bébéar loue « le bon travail de pro réalisé chez Vivendi ». « Notamment en conservant Canal, que Fourtou voulait vendre, il a eu une réaction d'industriel. »

Avant que la communication ne capte toute son énergie, Bolloré faisait de son groupe le résumé suivant : « Les métiers récurrents, dont on parle peu, rapportent chaque année de 400 à 450 millions d'euros. Nous ponctionnons là-dessus de 250 à 300 millions pour investir dans des projets porteurs d'avenir. » L'Afrique dans les années 1980, Rivaud dans les années 1990, les médias avec le tournant du siècle... Et depuis toujours le stockage de l'électricité. « Nous investissons là où personne ne va », répète Vincent Bolloré à l'envi, pour justifier le verrouillage familial du capital et « la stabilité de son actionnariat, qui lui permet de mener une politique d'investissement de long terme », comme le stipule la première page du rapport annuel de Bolloré. « Sans cela j'aurais été déjà viré trois fois », complète plus crûment l'entrepreneur, qui pense - avec raison - que des investisseurs classiques ne l'auraient jamais suivi dans l'attaque sur Delmas-Vieljeux, le raid sur Bouygues, en encore moins sur le pari fou des batteries : pas moins de 3 milliards d'euros investis depuis vingt-cinq ans dans la conservation de l'énergie !

Aucun sujet n'a autant passionné Bolloré. Aucune aventure dans son itinéraire hors norme, sauf peut-être le moment où il est monté sur des palettes pour sauver la société familiale, ne symbolise autant sa démarche d'entrepreneur. Saisir avant la fin du XXe siècle que ce sera le sujet majeur du XXIe, n'est-ce pas la meilleure illustration d'une aptitude à « percevoir les signaux faibles », pour reprendre l'éloge de Denis Kessler ? Avec dix ans d'avance sur Elon Musk, qui ne donnera la vraie impulsion à Tesla qu'en 2005, quinze ans sur Carlos Ghosn, qui a proclamé en 2010 vouloir faire de Renault-Nissan le numéro un mondial du véhicule électrique, vingt ans sur Patrick Pouyanné, le PDG de Total, qui s'est intéressé aux batteries à partir de 2015, ouvrant la voie à son changement de nom en TotalEnergies. Et même vingt-cinq ans d'avance sur le ministre de l'Économie Bruno Le Maire, grand chantre des « gigafactories » pour rapatrier en Europe la production des batteries asiatiques...

Le Bolloré visionnaire avait donc un boulevard. « L'investissement total sera de 200 millions d'euros », estime alors l'entrepreneur, quand il justifie ce saut dans l'inconnu à son biographe Jean Bothorel. « On me dit que nous n'avons aucune certitude sur la rentabilité de cet investissement. C'est vrai. Ce n'est pas pour nous le problème. À un moment, il faut commencer et prendre le risque. L'histoire d'une entreprise, c'est forcément des risques, des aventures. Avec un impératif : ces aventures doivent être raisonnables par rapport à la richesse du groupe et, dans le cas de la batterie, nous avons les moyens de prendre ce risque. » Peut-être trop de moyens d'ailleurs, puisque c'est l'époque où Bolloré enchaînait, avec ses allers-retours légendaires, des plus-values qui se comptent en milliards, en francs puis en euros. « Il a financé les batteries grâce aux raids, témoigne Alain Minc. Il a montré de la vista, du courage, et un brin de folie. Je lui ai dit pourtant "Tu as raison, sauf que les constructeurs automobiles investissent en grosses coupures quand tu joues avec de la petite monnaie. Fais comme Lagardère avec Renault pour son Espace." Mais c'était devenu son bébé, il ne voulait pas le céder. Et c'était devenu d'autant plus irrationnel que cela se passait en Bretagne, la terre des Bolloré [voir chapitre IV]. »

Patrick Pélata, numéro deux de Renault avant d'être « démissionné » à cause de l'affaire des faux espions, aujourd'hui un des meilleurs experts indépendants de l'avenir de l'automobile, se souvient à l'époque de contacts avec Bolloré : « Nous lui avions rendu visite en 2005. Mais il ne voulait pas avancer avec les constructeurs, en tout cas pas avec Renault. Et de toute façon, il y avait des problèmes de sécurité et de durabilité. » L'odyssée d'Autolib', avec ses milliers de Bluecars dans les rues de Paris et la banlieue, allait lui donner tort au plan technique. Mais pas au plan financier : une addition de 300 millions d'euros de pertes à la fin de la concession (limitée à 60 millions pour le prudent Bolloré) allait conduire au retrait prématuré du système d'autopartage en 2018. À sa manière, Pélata avait aussi été visionnaire, quand il déclarait : « Pourquoi Bolloré ne se concentre-t-il pas simplement sur les batteries de puissance ? » D'ailleurs, la première structure créée en 2001 en Bretagne ne s'appclait-elle pas BatScap, pour « batterie de supercapacité » ? Et ne sont-ce pas ces solutions industrielles de stockage d'énergie qui sont désormais mises en avant, notamment en France et en Afrique, sous le nom de Bluestorage ?

Hors cette activité, la filiale Blue Solutions se concentre désormais avec succès sur la production d'autobus électriques qui, pour l'instant, ne parviennent pas à nourrir les deux usines de batteries du groupe, en Bretagne et au Canada, travaillant aujourd'hui à 10 % de leur capacité. On est loin du rêve de Vincent Bolloré de « construire un business de 1,5 milliard d'euros en 2022, avec 25 à 30 % de marge », défendu au moment d'introduire en Bourse Blue Solutions en 2013, avant de le sortir précipitamment de la cote quatre ans plus tard...

« Un entrepreneur ne réussit pas toujours », conclut Kessler. À noter cependant : si les chiffres ne sont pas au rendez-vous, au moins la promesse initiale de Bolloré (« Ces aventures doivent être raisonnables par rapport à la richesse du groupe ») a-t-elle été respectée. Le cours de l'action Bolloré ne s'est d'ailleurs jamais aussi bien porté.

Poussons un cran plus loin la doctrine Kessler : « Pour réussir, un entrepreneur ne doit pas avoir d'affect », estime le patron économiste qui le connaît bien. Théoriquement, son ami Vincent, insensible jusqu'à l'excès, coche parfaitement la case. Insensible, Bolloré l'a été au moment de se désengager du maritime, dont la conquête avait pourtant contribué à construire la légende ; il n'a pas cillé davantage quand il a choisi d'abandonner le tabac, qui avait pourtant fait la fortune de la famille avec les papiers OCB. Il a été plus hésitant avec les télécoms et les jeux vidéo, avalisant leur cession dans les actifs de Vivendi, avant de les réintégrer dans le portefeuille, via un ticket au départ de 1 milliard d'euros dans Telecom Italia ou une OPA à la hussarde sur Gameloft. Sans doute des volte-face liées à l'évolution des business, mais sans beaucoup de justification rationnelle.

Mais là où le « brin de folie » semble avoir agi, hors bien entendu les batteries, c'est dans l'incroyable projet de « boucle ferroviaire » en Afrique, avec une ligne de chemin de fer de 3 000 kilomètres reliant Abidjan (Côte d'Ivoire) à Lomé (Togo) en passant par Ouagadougou (Burkina Faso), Niamey (Niger) et Cotonou (Bénin), avec 1 200 kilomètres de voies à construire, et le reste à réhabiliter (voir chapitre VI). Quand l'idée est lancée, en 2015, Bolloré défend son aventure africaine avec des accents gaulliens. Aujourd'hui, le projet est à l'arrêt, noyé sous les procédures judiciaires, et les analystes boursiers s'en félicitent, car personne n'a jamais vu le moindre business plan esquissant la moindre rentabilité sur de telles dépenses d'infrastructure. Il faut être chinois pour prendre des engagements aussi risqués. Ou bien jouer pour le drapeau. C'est d'ailleurs ce qui l'a sans doute empêché de se séparer de l'Afrique plus tôt. Seule zone géographique, avec la Bretagne, pour laquelle l'homme d'affaires peut manifester de l'affection.

Car c'est peut-être une des failles – terriblement sympathiques – du Bolloré entrepreneur : lui, le financier madré, expert en montages de toutes sortes, n'a jamais été tenté par l'exil fiscal, et n'a pas capitalisé sur les sociétés écrans immatriculées dans les paradis fiscaux qui faisaient les délices des barons du groupe Rivaud. Certainement davantage partisan de l'optionalité des situations, que de l'optimisation des impositions. Car Bolloré fait partie de ces Grands Fauves, comme les a appelés Christophe Labarde dans son livre, qui pour être prédateurs n'en sont pas moins cocardiers. Ceux du club de Claude Bébéar, Entreprise et Cité, les Beffa, Lachmann, Pébereau... qui font que la France est le pays d'Europe comptant le nombre le plus élevé de multinationales au classement par le magazine *Fortune* des 500 plus grandes entreprises du monde.

« Bolloré est plus corsaire que pirate », note Kessler, qui, en bon Alsacien, sait ce que la nation veut dire. Quand il a soutenu que Nicolas Sarkozy était « un grand président », il ne pensait pas seulement à défendre celui qu'il avait invité sur son yacht *Paloma,* mais évoquait aussi les intérêts de la France. Et quand il a reçu dans ses usines de Bretagne François Mitterrand, François Hollande, Manuel Valls et Emmanuel Macron, il ne défendait pas seulement le pavillon Bolloré. Avoir développé une technologie de batterie révolutionnaire à Ergué-Gabéric ne lui était pas indifférent. C'est d'ailleurs peut-être une des racines du problème.

Une autre est l'absence d'indépendance des équipes. « Vincent est entouré de béni-oui-oui, constate un de ses alliés dans la finance internationale. Et le jour où il déconne, personne ne l'arrête. » L'ami Lachmann, ex-PDG de Schneider Electric, si attentif aux hommes qu'il se présentait lui-même comme le DRH de sa multinationale, ne dit pas autre chose : « Vincent n'a que des yes-men autour de lui. Voilà son vrai défaut : ne pas s'entourer de gens avec lesquels il puisse se confronter. » D'ailleurs, Bolloré ne le conteste pas quand il présente son équipe aux top-managers de Canal+, dont une vingtaine allaient se faire scalper au cours du funeste été 2015 : « Nous, on n'est pas des Prix Nobel, mais on sait faire du business, avait lancé l'agitateur Bolloré, selon la chronique scrupuleuse qu'en fait le site Les Jours. Aucun des membres de cette équipe très soudée n'est un Prix Nobel, mais la maison a fait un parcours sans faute. C'est cette même équipe qui va venir chez

Canal. » Ce ne sera pas tout à fait exact, puisque Maxime Saada, alors numéro 3 du groupe Canal+, en deviendra le directeur général puis le président du directoire, s'attirant alors un compliment à moitié assassin de son actionnaire : « Ce garçon remarquable connaît la maison, il fait les choses, il n'est pas arrogant, il écoute. »

Quant au choix du patron opérationnel de Vivendi, pour lequel il s'était mis en travers du puissant Thomas Rabe en 2014, Vincent Bolloré est allé chercher Arnaud de Puyfontaine, un manager doté d'une expérience internationale à la tête de filiales d'Emap, Mondadori et Hearst en Europe. Mais l'actionnaire tient court les rênes, et, quand il abandonne le conseil de surveillance à son fils Yannick en 2018, Vincent se fait nommer… « conseiller du président du directoire ». Puyfontaine n'y voit pas officiellement malice : « Nous nous parlons quotidiennement. Et j'ai la chance d'avoir un "conseiller" qui est le bâtisseur du groupe, ce qui me permet de donner le meilleur dans mon rôle de mandataire social. » C'est d'ailleurs le président du directoire, et non sans son conseiller, qui a œuvré au rachat d'Editis, le troisième larron de l'édition en France, avec Hachette et Madrigall (Gallimard, Flammarion…). Et il est également à l'origine de l'arrivée de Prisma Media dans le groupe, où ses années passées dans la presse sont un gage de retour, sinon gagnant au moins prometteur, dans un secteur si appauvri par les géants du Net.

Mais dans la répartition des pouvoirs, la réalité est très éloignée de la fiction, racontée avec son habituel bagout par Bolloré lui-même, à une assemblée générale de son groupe : « Quand vous avez une éducation de fainéant et de gosse de riche, vous développez un sixième sens qui est de trouver des collaborateurs qui vont faire le boulot à votre place. » Cette fable d'un groupe décentralisé, il la servait déjà dans son interminable interview à *Jeune Afrique*, en 2009 : « On a dix métiers dans le groupe, qui vont du papier aux bornes d'aéroport en passant par la logistique en Afrique, la commission de transport pour le monde entier, les médias, etc. Tous les mois, les patrons de ces activités viennent nous présenter en une heure au siège leur fonctionnement : résultats, problèmes, espoirs, investissements. Donc j'ai la connaissance des choses à travers cette heure mensuelle de reporting. » Très bien, sauf que les choses se compliquent quand l'actionnaire ajoute : « Mais comme j'ai fait tous les métiers du groupe, j'ai une connaissance physique de nos activités : j'ai pris les trains, j'ai vu les grues, et donc ce qu'on me dit me parle. » Et c'est vrai.

À une époque, chez Bolloré, on appelait cela la méthode de l'hélicoptère. Pendant six mois, un an si nécessaire, il occupe le bureau de l'ancien patron, s'installe au milieu des équipes, et regarde tout, contrôle tout. Après la prise de contrôle d'Havas, dont le siège social était, par le plus grand des hasards, voisin de la tour Bolloré, sur les rives de la Seine, il a fait percer deux passerelles, justifiant, rieur, ce double investissement : « Comme ça, vous ne pourrez jamais savoir par où j'arrive ! » Aujourd'hui, la métaphore de l'hélicoptère s'est, elle aussi, numérisée : « Je fonds sur un sujet comme Google Earth. »

Cette connaissance détaillée de tous les métiers peut donner à Vivendi ce genre de remarque, mi-ironique, mi-perverse, prononcé lors d'une réunion avec Puyfontaine, consacrée à un projet lambda : « Qu'en penses-tu mon petit Arnaud ? Je ne suis après tout que le censeur du conseil de surveillance... » Selon un ancien membre du directoire, la technique Bolloré, c'est « una fria, una caliente », « le compliment qui tue », en bon français. « Toi qui es le Mozart de la finance, mon petit Hervé [le prénom a été changé], comment vas-tu garder ton rating avec ces résultats de merde ! » Jean-Guy Le Floch, qui était son directeur financier puis directeur général quand le groupe était encore en construction, n'a pas connu de ces moments pénibles. « Certes, il ne me demandait pas beaucoup mon avis, mais on s'est rarement frittés. J'ai vite compris qui était le patron, je sais où est le pouvoir. » Et puis ses enfants étaient encore à l'école primaire, et la tentation dynastique n'avait pas alors besoin de s'exprimer. « Mais j'avais compris qu'ils allaient grandir, et que cela ne serait plus jamais la même chose. »

Proclamant *urbi et orbi* son intention de laisser la place à la 7ᵉ génération le 17 février 2022, date du 200ᵉ anniversaire des papeteries Bolloré, Vincent n'a jamais caché à ses managers sa volonté dynastique. Pas un hasard s'il a écrit le chapitre « Transmettre » du *Dictionnaire amoureux des entreprises et des entrepreneurs*, édité chez Plon. Au moins, la maison d'édition est dans le groupe, doit se dire Puyfontaine, en guise de consolation, quand il se retrouve coincé entre Vincent, son « conseiller », et Yannick, président du conseil de surveillance. Les choses ne se sont pas toujours passées aussi harmonieusement : Dominique Lafont, l'artisan de la croissance en Afrique, n'a pas pu cohabiter avec Cyrille, le benjamin de la famille, qui, depuis 2015 a pris progressivement en main le transport et la logistique puis, en 2019, la présidence de Bolloré - Bretagne comprise. Celle-ci devenue marginale, avec la fin du rêve des Bluecar, le groupe Bolloré ne ressemble plus du tout au conglomérat aux « dix paniers » tant mis en avant au siècle dernier. Mais, après la vente attendue de l'Afrique, à un ensemble bipolaire (médias et logistique), avec à la tête de chacune des entités les deux fils, Yannick et Cyrille.

« C'est *Le Roi Lear* », jubile Denis Kessler, ravi de sa trouvaille. En fait, oui et non. Oui, c'est l'histoire d'un souverain qui souhaite partager son royaume entre ses enfants, à condition que chacun déclare son amour à son père. Et celui qui n'accepte pas le schéma sera immédiatement chassé. Mais non, les Bolloré ne vivent pas une tragédie shakespearienne, car le drame a été évité quand le patriarche a rompu le pacte familial en divorçant. Personne n'a été chassé, personne n'a été déshérité. Et le royaume n'a pas souffert de cette ambition dynastique. Attention quand même à la morale de la pièce, telle qu'elle est résumée par son exégète Jean-Marc Lanteri, (*Le Roi Lear*, éditions Circé) : « Il y en a deux, celle du fou qui l'exprime : ne renonce pas au pouvoir, ne partage pas ton pays ! L'autre morale est comprise implicitement dans l'histoire : donne ton pays à qui tu veux, mais n'attends pas qu'il te rende heureux. » Car quelle image Vincent va-t-il finalement laisser à ses enfants ? Celle d'un père aimant ou d'un mari adultère, d'un patron déstabilisant ou d'un entrepreneur hors pair ?

X

Le catho

Les confessions d'un enfant de chœur – À l'opposé du frère Opus Dei – Fidélités et infidélités – Les vertus familiales ébranlées – La main sur le cœur et le poignard dans la main – Où sont les bonnes œuvres ? – Le phalanstère de l'abbé Grimaud – Dieu seul me jugera...

Dilemme à Ergué-Gabéric. Le 16 janvier 2015, le Premier ministre Manuel Valls annonce sa venue en Bretagne pour visiter les usines de Bolloré, et inaugurer la ligne d'assemblage du Bluetram, la dernière adaptation de la technologie de batterie maison au transport en commun. Mais le 16 janvier, c'est aussi la date anniversaire de la mort de René Bolloré, le grand-père de Vincent, célébrée chaque année avec éclat dans la chapelle que l'ancêtre a fait construire il y a un siècle à quelques mètres du siège historique. Pas question évidemment pour un Premier ministre, surtout champion de la laïcité, d'assister à l'office. Pas question pour Vincent Bolloré, catholique pur et dur, attaché aux valeurs religieuses de sa famille, de renoncer à la célébration. La journée du vendredi 16 sera donc chargée :

la messe est avancée à 8 h 30 dans la chapelle familiale, avec un protocole réduit ; et la visite de Manuel Valls commencera à 11 heures, et se terminera pour le déjeuner. Dommage pour le Bluetram : privé de la double onction, divine et républicaine, le tramway Bolloré, à l'inverse des bus, n'a encore engrangé aucune commande !

Le sujet n'est pas tout à fait anodin, tant religion et affaires s'entremêlent depuis toujours chez les Bolloré. Et Vincent n'a jamais hésité à le laisser paraître dès le début de ses années de conquête, jusqu'à son intronisation comme roi des médias. Par exemple, après le raid sur Delmas-Vieljeux, l'entrepreneur n'a eu de cesse de changer les noms de baptême des bateaux. Jusqu'ici, la tradition de l'armateur consistait à donner le prénom des filles de la famille - Adeline, Blandine, Caroline, Delphine Delmas... - aux nouveaux bâtiments. Battant pavillon Bolloré, à la proue des porte-conteneurs mis à flot figureront désormais les saints patrons préférés de la famille, à commencer évidemment par saint Vincent de Paul, puis saint François d'Assise... Plus tard, quand le gratuit *DirectMatin* s'est transformé en 2017 en *CnewsMatin* - le quotidien de Vivendi a suspendu sa parution en 2021 -, son premier actionnaire a scrupuleusement veillé à ce que la rubrique « Le saint du jour », imposée dès le lancement, ne disparaisse pas avec ce lifting ! Un an après, toujours dans les médias, le groupe Bolloré rachetait l'hebdomadaire *La France catholique* et ses maigres seize mille exemplaires diffusés. Et pour finir le feu d'artifice de la chaîne C8 proposé le 15 août 2021, digne d'un programme de télévision polonaise : messe de l'Assomption retransmise depuis le sanctuaire de Cotignac, dans le Var, et célébrée par Dominique Rey, l'évêque de Fréjus-Toulon si populaire au sein de l'aile conservatrice de l'Église, puis deux mini-séries sur Jean-Paul II et Mère Teresa, ainsi que deux longs métrages, *Saint Philippe Néri* et, le lendemain, le très sulfureux documentaire américain anti-avortement *Unplanned*...

Tout cela va dans le même sens, et l'héritage breton ne souffre aucune ambiguïté : « À genoux devant Dieu, debout devant les hommes », scande la devise familiale. « Debout devant les hommes », mais surtout à côté, comme le manoir d'Odet, construit par René Bolloré en même temps que la chapelle, et qui tous deux jouxtent l'usine. Cette consanguinité a influencé le mode de relations sociales de générations de patrons Bolloré, baignées depuis la fin du XIXe siècle par l'esprit d'ouverture de l'encyclique Rerum Novarum, du pape Léon XIII. « Mon grand-père adhérait, je pense, à ce catholicisme social, tout en étant sur le plan des pratiques religieuses très pieux et très conservateur, témoignait Gwenn-Aël Bolloré, dernier habitant du manoir d'Odet, à Jean Bothorel, son ami et biographe de la famille. Mon père, c'est-à-dire le grand-père de Vincent, partageait les mêmes convictions, celles d'un chrétien progressiste avec ses employés, d'un chrétien traditionaliste avec les curés d'Ergué-Gabéric et des paroisses environnantes. » Vincent s'inscrit sans filtre dans cette double tradition. Côté chef d'entreprise, il n'hésitera pas à investir lourdement dans une nouvelle technologie de film plastique alimentaire pour conserver l'emploi à Ergué-Gabéric, lieu de production sanctifié malgré l'abandon total du papier (voir le chapitre IV). Et en même temps, au plan personnel, il a une approche très pré-Vatican II de la pratique religieuse.

« Vincent a un christianisme naïf et sympathique, témoigne cet autre patron catho qu'est Claude Bébéar. Il en joue, mais il y a dans tout cela un fond d'authenticité qui lui vient de son éducation. » Il y a plus de vingt ans, Bolloré avait affronté le sujet sans fard avec les journalistes de *Libération* Nathalie Raulin et Renaud Lecadre : « Je crois exactement en tout ce qui est écrit dans les livres - le ciel, l'enfer, le purgatoire, Marie, Joseph, les anges gardiens... » Et il avait défendu les vertus réparatrices de la confession - si pratiques et qui permettent de recommencer. « Bien évidemment, je recommence entre chaque confession. Dieu sait par nature que l'homme est faible, et moi en particulier. » Dans la série des symboles, tout y passe : la médaille miraculeuse autour du cou, avec cette phrase « Ô Jésus, roi d'amour, j'ai confiance en votre miséricordieuse bonté » ; les pèlerinages à Lourdes - aller-retour en jet privé, séjour en pension de famille ; les longues séquences agenouillé à la messe ; les cantiques repris haut et fort (« J'ai l'impression que je chante de mieux en mieux »)... Et dans la lettre de quatre pages envoyée à ses salariés déstabilisés après sa mise en examen d'avril 2018 pour des affaires de corruption en Afrique, c'est tout à la fois à Jean-Paul II qu'il fait référence, avec sa célèbre adresse « N'ayez pas peur », et à Notre-Dame de Kerdévot, dont la chapelle célèbre l'intervention miraculeuse de la Vierge pour épargner à Ergué-Gabéric la peste sévissant dans la paroisse voisine au XIVe siècle. C'est toujours à la sainte patronne qu'il rend grâce pour les 195 ans du groupe : « Nous te prenons pour protectrice spéciale et te consacrons particulièrement nos personnes, notre groupe et tous nos biens matériels », fera-t-il dire dans une prière spéciale pour l'événement...

Cette approche presque enfantine et crédule de la religion est à cent lieues du travail intellectuel de son frère, Michel-Yves, qui a partagé les premières années de sa vie d'entrepreneur. Ce dernier a publié *Dieu, la science, les preuves* (Tredaniel), ouvrage de plus de cinq cents pages, censé apporter des gages scientifiques de l'existence de Dieu, bien dans la ligne des croisés de l'Opus Dei, dont Michel-Yves Bolloré ne nie pas être proche. « Je suis surtout un ingénieur, passionné de science, raconte-t-il au moment de la sortie du livre, à l'automne 2021. Et moi qui suis originaire de ce terreau breton où le catholicisme populaire est fortement enraciné, avec ses pardons, ses processions..., j'ai consacré trois ans de ma vie à rechercher des preuves scientifiques pour répondre à cette question : existe-t-il un dieu créateur ? » Le sujet passionne le monde des croyants : quand *Le Figaro Magazine*, sentant le filon, a fait sa une sur le livre de Bolloré et son co-auteur, Olivier Bonnassies, il est passé en tête des commandes sur Amazon, devançant le temps d'un week-end le dernier opus de Zemmour, et allait figurer de longues semaines sur la liste des best-sellers !

Le débat aurait pu rebondir à la table familiale des Bolloré, entre les deux frères, tout aussi conservateurs mais avec des approches de la religion opposées. Sauf que Michel-Yves s'est retiré à Londres, après la vente de ses parts dans Bolloré, et la construction réussie d'un petit groupe dans la sidérurgie. Et Vincent a perdu toute crédibilité dans son clan, jadis si fier de lui, sur un quelconque sujet de l'ordre de l'intime. Faut-il en parler ? Généralement, la vie privée de chacun, grand patron ou modeste salarié, n'a pas sa place dans les journaux ou les livres, sauf quand elle entraîne des affaires de harcèlement, particulièrement depuis les campagnes de MeToo. Rien à craindre de tel avec Vincent, mais une récurrente histoire de divorce destructeur, évoqué prudemment par certains journalistes, mentionnant par exemple un Bolloré qui avait *« largué les amarres côté vie privée »*. Et puis *Le Monde* a brisé l'omerta. Inaugurant sa série de l'été 2021 sur les successions dans les grandes familles du business français (Arnault, Pinault, Lagardère, Bouygues...), ses deux journalistes racontent combien la séparation d'avec sa femme, Sophie Fossorier, mère de ses quatre enfants, pour une folle aventure avec la sœur de celle-ci, Marion, avait perturbé la famille, et... les plans de succession dynastique. Car évidemment les enfants, et particulièrement Yannick, l'actuel président du conseil de surveillance de Vivendi, n'allaient pas assister sans réagir au naufrage familial.

Quel rapport avec les affaires ? Il suffit de rappeler que le même Yannick, celui qui avait jeté par la fenêtre les affaires de son père depuis le premier étage de la maison de la villa Montmorency, dans le XVIe arrondissement de Paris, s'est retrouvé, dix ans plus tard, intronisé par son père à la tête de Direct 8, puis d'Havas, avant le sacre de Vivendi. Toutes les successions ne prennent pas des chemins aussi tortueux... Et d'ailleurs, si les choses étaient si naturelles, pourquoi Vincent aurait-il fourni à *Paris Match*, qui avait consacré un reportage à l'été 1999 aux vacances familiales de Bolloré, une photo « avec sa femme, Sophie, dans leur maison de Saint-Tropez », merveilleusement légendée : « Ils aiment faire de longues promenades en amoureux dans le parc de leur propriété. » Or, à cette date, les époux Bolloré avaient déjà divorcé... Comme s'il fallait absolument préserver l'image du bonheur parfait.

« Les croyants ne sont pas exemplaires, et la mauvaise vie de certains, parfois même leur vie scandaleuse, sont-elles la preuve que leur religion n'est qu'une façade derrière laquelle il n'y a rien ? interroge Michel-Yves Bolloré dans son livre, avant de répondre : il est certain que le témoignage d'une vie a plus de valeur que tous les discours réunis. La mauvaise vie de certains croyants qui professent des vertus attirantes comme le partage, le pardon, la fraternité, etc., mais qui dans la réalité, agissent le plus souvent à l'opposé, n'est pas une preuve de l'inexistence du Dieu qu'ils professent, mais plutôt de la difficulté pour l'homme de mettre sa vie en adéquation avec ses croyances. » Difficile d'imaginer que quand Michel-Yves écrit ses lignes, il ne pense pas à Vincent... Interrogé à ce sujet, il se contentera de répondre : « Je suis un catholique cohérent. »

Vincent, lui, ne prend pas cette peine. Comme tout bon pécheur, il est surtout rongé de culpabilité. Et une seule confession n'a pas suffi à l'étouffer. Des années plus tard, il en parle régulièrement à son ami Claude Bébéar : « Vincent a un sens de la famille très fort, témoigne le fondateur d'Axa. Il se reproche sa vie dissolue, en opposition à ses valeurs. "C'est une souffrance, il est temps que je me reprenne", me disait-il, comme un appel à l'aide au Bienheureux, dont il est sûr qu'il le protège, pour arrêter les conneries. » Bolloré est moins disert avec Henri Lachmann, l'ex-patron de Schneider Electric, dont il est pourtant très proche, mais le remords est toujours là, présent : « Je veux racheter le péché », lui lance-t-il ainsi un jour, énigmatique. Comme le reconnaît Lachmann, après des années de rencontres avec Bolloré au club de Bébéar Entreprise et Cité, et au conseil de Vivendi : « Je connais bien Vincent, mais je ne le connais pas. »

Quel est le vrai Vincent, derrière la carapace ? L'homme d'une extrême fidélité, comme celle dont il a témoigné à Michel Giraud, l'ancien président de la Région Île-de-France, après sa mise en examen, ou à Antoine Bernheim, quand il a tout fait pour réinstaller son conseiller à la tête de l'assureur italien Generali ? Ou le patron qui humilie un de ses principaux collaborateurs, lui tirant l'oreille avec des « Hein ! il fait bien tout ce que je lui demande », ou lâchant finalement le même Bernheim en rase campagne ? Le patron solipsiste ou le mécène de la Fondation de la 2e chance ? Le Caligula insensible ou l'entrepreneur attaché à ses paroissiens bretons ?

Interrogé il y a dix ans à l'occasion d'un numéro de *Challenges* sur les réseaux catholiques, Augustin de Romanet, le PDG d'Aéroports de Paris et un des patrons les plus pratiquants, précisait, selon lui, les trois valeurs chrétiennes qui peuvent aider dans le management : « La primauté de la personne humaine, le souci du long terme et le sens de la vérité. » Difficile de se prononcer, concernant Bolloré, sur la première valeur, tant il reste illisible, même auprès de ses proches. La deuxième - le long terme - n'est pas seulement une valeur, mais une vertu cardinale de l'homme d'affaires, héritage de l'histoire de sa famille, qu'il met d'ailleurs constamment en avant. Quant à la dernière, mieux vaut ne pas trop s'étendre (voir le chapitre VIII). Ou laisser la parole au bienveillant Lachmann : « Il ment... avec le sourire. » En tout cas, découvrant que Vincent Bolloré et Martin Bouygues ont tous deux planché au séminaire diocésain La Castille, de l'évêque « tradi » de Fréjus-Toulon, Dominique Rey, on aimerait savoir ce qu'ils penseraient de cette phrase du pape Benoît XVI, dans l'encyclique *Caritas in veritate* : « Sans vérité, sans confiance et sans amour du vrai, il n'y a pas de conscience ni de responsabilité sociale, et l'agir social devient la proie d'intérêts privés et de logiques de pouvoir, qui ont pour effet d'entraîner la désagrégation de la société. » Pour départager les deux patrons pratiquants, élevés ensemble sur les bancs de l'école Gerson, dont la mission – « former l'esprit, le cœur, et élever les âmes » – n'a jamais varié, rien de mieux que convoquer une figure protestante de l'establishment, Jérôme Seydoux, qui, comme Bouygues, a expérimenté le feu de l'entrepreneur si attaché à ses racines cathos : « Sous un abord charmeur, Vincent Bolloré est d'abord un tueur. Mais dans ce monde-là, il y a peu de curés. »

Oublions donc le Bolloré grenouille de bénitier. Et reconnaissons à l'entrepreneur sa filiation dans la doctrine sociale de l'Église. Mais qu'en est-il du milliardaire ? S'il a mis à profit la parabole des talents, a-t-il respecté le message de saint Martin, partageant son manteau avec un mendiant frigorifié ? « Vincent est capable d'être généreux, estime Claude Bébéar, qui est, parmi les patrons fortunés, celui qui le connaît le mieux. Il peut donner de l'argent, parfois des sommes importantes, mais c'est une générosité calculée. Il ne fera pas un truc fou. » Naviguant dans ce monde de PDG, ayant conseillé Bolloré dans un de ses raids avortés (sur l'agence d'achat d'espace britannique Aegis), Matthias Leridon ne ménage pas ses compliments ; mais il regrette que l'entrepreneur, « si visionnaire en Afrique », n'ait pas prolongé son tropisme par une grosse fondation au bénéfice des populations du continent. Bernard Ésambert, le banquier philanthrope et ex-vice-président de Bolloré, trouve au contraire son ancien employeur « très généreux » : « Après mon départ de Bolloré, j'ai croisé Vincent bien plus tard au conseil d'administration de la Fondation Un avenir ensemble, qui parraine des élèves méritants en situation socio-économique fragile, sous les auspices de l'ordre de la Légion d'honneur. Il en a été le premier donateur pendant plusieurs années. C'est un peu sa rédemption, lui qui ne s'est jamais pardonné son divorce, se reprochant devant moi : "Tu te rends compte, moi qui suis si profondément catholique" ?! »

Parmi ses proches, Henri Lachmann est l'un des rares qui s'est persuadé que Bolloré respectera l'échéance du 17 février 2022, à laquelle il a promis de se retirer des affaires, transmettant le groupe familial « à la septième génération ». « Vincent veut se consacrer à d'autres choses, sans doute à des œuvres, toujours avec cette antienne de "racheter le péché". » Qu'il mette sous ce large parapluie sa vie personnelle ou sa pratique professionnelle, peu importe. Mais c'est un fait que son engagement dans la philanthropie a pris une nouvelle dimension. Au sein du groupe, les actions de solidarité se sont multipliées, au travers notamment de la Fondation de la 2e chance, que préside Marie Bolloré, la seule fille de Vincent. « La Fondation accompagne des femmes et des hommes, aujourd'hui en situation de grande précarité, mais manifestant une réelle volonté de rebondir, précise le rapport annuel de Bolloré. Elle leur offre un soutien financier et humain pour mener à bien un projet professionnel et humain réaliste et durable. » Cela trace comme une ligne directrice après le parrainage des adolescents « méritants » d'Un avenir ensemble, que Vincent finance sur ses propres deniers, signant des chèques avec cinq zéros. Côté groupe Bolloré, ce sont des millions d'euros (près de 3 en 2020) qui sont investis chaque année en « actions de solidarité », dont un tiers sous forme de « coups de pouce financiers » de la Fondation de la 2e chance pour favoriser des créations ou reprises d'entreprises, des formations qualifiantes...

Le foyer Jean-Bosco est un engagement d'une autre dimension : une centaine de millions d'euros ont été consacrés par le groupe Bolloré à l'achat et à la rénovation, entre 2012 et 2015, de l'ancienne maison des Petites Sœurs des Pauvres, rue de Varize, artère discrète près du stade Jean-Bouin, à Paris. Et à un jet de pierre du domicile de Bolloré, villa Montmorency. « Le foyer dispose de cent soixante chambres destinées principalement à l'accueil de jeunes étudiants, lit-on, toujours dans le rapport annuel. Le foyer est un lieu de partage solidaire, fraternel et intergénérationnel. Une innovation qui permettra à chacun de développer ses propres talents tout en apprenant à vivre ensemble. » Dans un cadre religieux très présent, comme la littérature officielle « corporate » ne l'indique pas.

Il faut en effet aller sur le site du foyer pour découvrir son nom complet : foyer Jean-Bosco Mater amoris – « Mère de l'amour », référence à la Vierge Marie et à une œuvre fondée il y a trente ans pour « souffler sur les braises et ranimer le feu, conformément au rôle des mamans dans les foyers, et rallumer le feu de la foi dans le cœur des enfants ». La puissante action sociale est financée par le groupe Bolloré, et les sociétés dont il est le premier actionnaire (Vivendi, Havas...). Mais la religion traditionnelle distillée dans les couloirs, la chapelle du foyer, et les oratoires, est bien celle vécue par Vincent. Et celle de l'abbé Grégoire Grimaud, qui a tout à la fois célébré les messes pour l'enterrement de Monique Bolloré, la mère de Vincent, et l'anniversaire des 195 ans de l'entreprise Bolloré, en 2017, piloté l'émission religieuse de Direct 8 « Dieu merci ! », et dirige aujourd'hui le foyer Jean-Bosco Mater amoris, principal investissement solidaire du groupe Bolloré. « L'abbé Grimaud s'y occupe de tout, depuis la formation religieuse jusqu'aux fuites de robinet », constate un habitué des lieux, bien retranchés derrière un haut mur de pierre. Le moins qu'on puisse dire est que le foyer Jean-Bosco Mater amoris n'est pas vraiment ouvert sur le quartier. « Magnifiquement rénové par Bolloré, mais un peu foutraque avec des fauteuils récupérés çà et là, cela a des airs de phalanstère, poursuit notre habitué. En ayant également prévu de quoi nourrir un régiment, et un dispensaire, c'est un projet intégral conçu pour vivre en autarcie, un peu à la façon dont les ancêtres bretons prenaient en charge leurs ouailles dans la Bretagne d'il y a un siècle. Bref un pensionnat à l'ancienne au XXIe siècle, toujours pour cathos méritants. »

Tout cela est parfait, mais Dieu ne serait-il pas fondé à attendre davantage d'un patron, croyant aussi fervent que son soldat Vincent, dont la fortune se compte en milliards ? Dans son message à l'occasion de la Journée mondiale des pauvres, le 14 novembre 2021, le pape François cite le commandement biblique du Deutéronome : « Tu n'endurciras pas ton cœur et tu ne fermeras pas la main à ton frère malheureux, mais tu lui ouvriras tout grand la main et lui prêteras largement de quoi suffire à ses besoins. Tu lui donneras largement. Pour ce geste, le Seigneur ton Dieu te bénira dans toutes tes actions et dans toutes tes entreprises. Certes, le malheureux ne disparaîtra pas de ce pays. Aussi je te donne ce commandement : tu ouvriras tout grand ta main pour ton frère quand il est, dans ton pays, pauvre et malheureux. »

Ce commandement, d'une si grande exigence, s'adresse à tous, mais il a une résonance particulière chez les plus fortunés, croyants ou non croyants. Et pose l'éternelle question du partage des richesses, et de la philanthropie à grande échelle, telle que la pratiquent les *tycoons* américains. Aucun milliardaire français n'a signé le Giving Pledge, l'appel lancé par Bill Gates et Warren Buffett à donner au moins la moitié de sa fortune. Seul l'entrepreneur Stéphane Bancel, nouveau venu dans ce club grâce à la valorisation post-Covid de Moderna (25e rang au classement par *Challenges* des riches français, avec 5 milliards d'euros de patrimoine), s'est clairement inscrit dans ce courant, quand il a dit à ses enfants : « Nous vous payons vos études, et ensuite ce sera à vous de vous débrouiller. » Mais il vit aux États-Unis, et n'est donc pas soumis au droit français, qui ne permet pas de « déshériter » ses enfants aussi facilement, et aussi largement. Pour tenir compte de cette spécificité, les hommes d'affaires Serge Weinberg et Denis Duverne ont imaginé un « pledge » à la française, engagement à donner 10 % de ses revenus ou de son patrimoine. Parmi les quelque quatre-vingt-dix signataires, les noms de ses riches amis Claude Bébéar et Henri Lachmann, mais pas celui de Vincent Bolloré. « N'oubliez pas cette constante de Vincent, explique Bébéar. Il a repris une affaire familiale qui était foutue, et lavé l'honneur perdu de son père : il veut donc laisser le groupe qu'il a constitué à sa famille. »

Cette obsession dynastique travaille beaucoup plus l'entrepreneur que la quête de la vie éternelle. Elle a façonné un parcours de quarante ans, et sur le plan des chiffres – 24 milliards d'euros de chiffre d'affaires et quatre-vingt mille salariés pour le groupe, une fortune de plus de 8 milliards pour Vincent et ses enfants –, c'est une pleine réussite. Elle devrait suffire au bonheur de tout entrepreneur. Alors d'où vient cette étrange confession, faite dans le long entretien accordé à *Jeune Afrique* en 2009 : « Je n'éprouve pas du tout de plaisir dans mon travail. Si ce n'est le plaisir du travail bien fait. J'arrive le matin et je repars le soir comme lorsque je vais au ski dans les Alpes : c'est très bon pour les enfants, c'est sans doute bon pour ma santé, mais le bon moment, c'est quand le TGV est à Lyon et que je revois du gazon. Je vais chaque année aux sports d'hiver mais sans aucun plaisir. Le travail, c'est pareil. » Comme si la vie professionnelle était un long chemin de croix. Comme si finalement, il n'assumait pas son personnage de Caligula. Il est vrai que Caligula n'a sans doute pas eu droit à la vie éternelle. Mais après tout, Dieu seul le sait.

Remerciements

Depuis le 12 mai 2016, date à laquelle les journalistes de *Challenges* étaient reçus au dernier étage du siège de Vivendi, Vincent Bolloré ne s'est plus entretenu avec aucune rédaction extérieure à son groupe de médias. Cela facilite la réponse quand vient l'incontournable question à l'énoncé d'un projet de livre : « Biographie officielle ou non ? »

Le sujet n'est pourtant pas celui-là : il y a d'excellentes bios officielles, comme l'incomparable *Vincent Bolloré, une histoire de famille* (Jean Picollec, 2007) - merci à son auteur, Jean Bothorel, pour ses avis amicaux - et de très bons livres qui n'ont pas eu l'imprimatur, tel *Vincent Bolloré, enquête sur un capitaliste au-dessus de tout soupçon* (Denoël, 2000), dont les auteurs, Nathalie Raulin et Renaud Lecadre, ont « raconté une histoire telle qu'elle peut être reconstituée », écrivent-ils, avec toute la précision de journalistes de *Libération*. Merci à eux également.

Concernant ce projet, après des mois d'indifférence, je me suis résolu à envoyer un SMS à Vincent Bolloré, le 12 octobre 2021, lui rappelant une dernière fois mon approche : « Écrire un livre, passionnant comme toi, et honnête, comme moi. » Message resté évidemment sans réponse... Sans doute ne croyait-il pas à mon adjectif « honnête », qui me vient de mon maître Jean Boissonnat, qui le préférait à « objectif »... Heureusement je croise Vincent Bolloré depuis quarante ans – d'où le tutoiement –, depuis la découverte du jeune patron par le jeune journaliste de *L'Expansion* jusqu'aux multiples couvertures que nous lui avons consacrées dans *Challenges*, en passant par la mise au jour du raider « loup de mer », dans *L'Express*, qui lui a tant déplu.

Sans ce long compagnonnage, qui doit tout au hasard de la proximité de nos âges et rien à la similitude de nos initiales, impossible d'imaginer un tel projet. Sans le travail des journalistes de *Challenges* pendant les vingt ans durant lesquelles j'ai dirigé cette belle rédaction, impossible de le réaliser. Alors merci à Marc Baudriller, Odile Benyahia Kouider, Thierry Fabre, Gilles Fontaine, Sylvie Hattemer-Lefèvre, Antoine Isambart, Pierre-Henri de Menthon, Thuy-Diep Nguyen, Nicolas Stiel, qui l'ont interviewé à maintes reprises, avec ou sans moi... jusqu'au 12 mai 2016.

Merci également à Marie-Louise Antoni, Claude Bébéar, Tarak Ben Ammar, Bernard Ésambert, Denis Kessler, Christophe Labarde, Henri Lachmann, Dominique Lafont, Mathias Leridon, Jean-Guy Le Floch, Alain Minc, Xavier Niel, Philippe Villin, Philippe Wahl, et à tous les autres qui ont préféré l'anonymat pour évoquer « leur » Vincent Bolloré.

Merci enfin à Muriel Beyer, qui a cru en cette idée, à Brigitte Gry-Régent, ma fidèle première lectrice au *Nouvel Économiste*, à *Challenges*, et encore aujourd'hui, à Isabelle Jouanny, dont la discrétion est égale à son importance à mes côtés depuis tant d'années, et à Gloria, dont la maison sur le Pacifique, refuge pour l'écriture de ce *Bolloré*, valait toutes les vues sur la baie des Canoubiers.

Table des matières

Composition et mise en pages
Nord Compo à Villeneuve-d'Ascq

CET OUVRAGE
A ÉTÉ ACHEVÉ D'IMPRIMER
SUR ROTO-PAGE
PAR L'IMPRIMERIE FLOCH À MAYENNE
EN JANVIER 2022

N° d'impression : 99751
Imprimé en France